POMBAGIRA
A DEUSA
MULHER IGUAL VOCÊ

Alexândre Cumino

POMBAGIRA A DEUSA

MULHER IGUAL VOCÊ

MADRAS

© 2025, Madras Editora Ltda.

Editor:
Wagner Veneziani Costa

Produção e Capa:
Equipe Técnica Madras
Daniel Marques

Capa:
Daniel Marques

Foto da Capa:
Will Recarey

Modelo da Capa:
Ana Mametto (Ana Teresa Santos Oliveira)
Maquiagem (Zezinho dos Santos)

Revisão:
Ana Paula Luccisano
Silvia Massimini Felix

**Dados Internacionais de Catalogação na Publicação (CIP)
(Câmara Brasileira do Livro, SP, Brasil)**

Cumino, Alexandre
Pombagira, a deusa: mulher igual você / Alexandre Cumino.
São Paulo : Madras Editora, 2025.
5 ed.

ISBN 978-65-5620-053-8

1. Pombagira 2. Umbanda I. Título.

22-138605 CDD-299.672

Índices para catálogo sistemático:
1. Pombagira : Teologia de Umbanda : Religiões de origem africana 299.672
Inajara Pires de Souza - Bibliotecária - CRB PR-001652/O

É proibida a reprodução total ou parcial desta obra, de qualquer forma ou por qualquer meio eletrônico, mecânico, inclusive por meio de processos xerográficos, incluindo ainda o uso da internet, sem a permissão expressa da Madras Editora, na pessoa de seu editor (Lei nº 9.610, de 19/2/1998).

Todos os direitos desta edição reservados pela

MADRAS EDITORA LTDA.
Rua Paulo Gonçalves, 88 – Santana
CEP: 02403-020 – São Paulo/SP
Tel.: (11) 2281-5555 – (11) 98128-7754
www.madras.com.br

Índice

Agradecimentos 7
Dedicatória 9
Introdução e Fundamentação do Mistério
Pombagira 13
Apresentação 15
Prefácio 17
Pombagira na Umbanda 25
Pombagira Faz o Bem e Faz o Mal? 31
Pombagira, Boca Coletiva 41
Encruzilhada 47
De Pambunijila à Pombagira 57
De Exu à Exua 63
Migração de Deuses 71
Pombagira na Literatura Umbandista 77
"Mistério Pombagira" 97
Conclusão 101
Mulher Igual Você! 105
Sou a Deusa! 107
Deusa na Pele de Pombagira 111
Medo e Desejo 113

Kali, Lilith, Asherat e Pombagira 117
Quem é Deusa? 127
Restabelecendo o Culto à Deusa 131
Profissional do Afeto 135
Sou a Alma do Mundo 139
Santa ou "Puta"? 143
Pombagira Imoral 145
Nova Consciência 151
Feminismo Negro e Sagrado Feminino 155
Consciência Umbandista 161
Magia Negra 165
Medo da Pombagira 171
Pombagira Comparada a Outras Divindades 173
Pombagira é Mãe?! 179
Nomes de Pombagira 183
Pombagira 191
Bibliografia 221

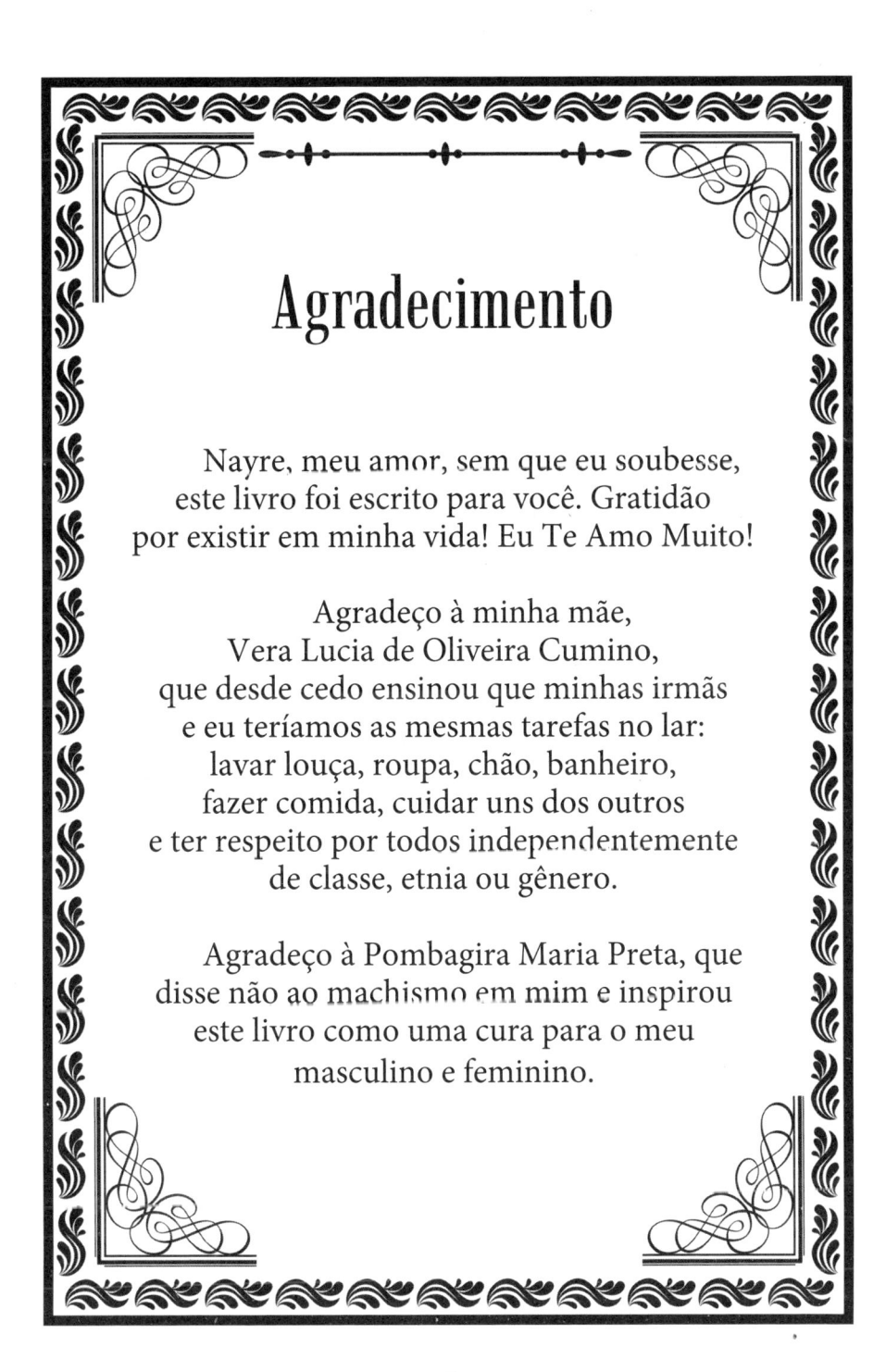

Agradecimento

Nayre, meu amor, sem que eu soubesse,
este livro foi escrito para você. Gratidão
por existir em minha vida! Eu Te Amo Muito!

Agradeço à minha mãe,
Vera Lucia de Oliveira Cumino,
que desde cedo ensinou que minhas irmãs
e eu teríamos as mesmas tarefas no lar:
lavar louça, roupa, chão, banheiro,
fazer comida, cuidar uns dos outros
e ter respeito por todos independentemente
de classe, etnia ou gênero.

Agradeço à Pombagira Maria Preta, que
disse não ao machismo em mim e inspirou
este livro como uma cura para o meu
masculino e feminino.

Dedicatória

Este livro é dedicado à memória de meu queridão, amado, reverenciado, amigo, irmão, companheiro, cúmplice, saudoso e imortal **Wagner Veneziani Costa**. Assim, com amor dedico-o também à sua mulher, **Sonia Veneziani Costa**, e às suas filhas, **Barbara Veneziani Costa** e **Giovana Veneziani Costa**; não há palavras, apenas um coração que ainda chora de lembrar, saudade que fica e vazio no coração. Que a gente possa sentir sempre na alma a imortalidade e a certeza de que a vida passa rápido, logo vamos estar todos juntos. Estendo ainda esta dedicatória para a querida e amada **dona Cleuza Veneziani Costa** e nosso queridão **Cardosão**.

"Que texto pungente, meu irmão!!!
Agudo, eloquente, didático, dilacerante e poético, desnudante, crítico, forjado pelo sentir feminino, com um final surpreendente e emocionante, conectando o sagrado, a ética religiosa e pessoal!!!
Me senti presenteado!!!
Parabéns!!!"
Hédio Silva Jr.

Palavras do querido amigo, irmão e mestre **Dr. Hédio Silva Jr.**, após receber e ler o texto "**Sou a Deusa**", por WhatsApp. Fiquei tão emocionado com suas palavras e espontaneidade em tecê-las que faço questão de registrar aqui junto de meu carinho, admiração e gratidão por seu trabalho em prol de todos que sofrem discriminação, intolerância, preconceito étnico e religioso, especialmente comunidades de Terreiro Umbanda e Candomblé.

Introdução e Fundamentação do Mistério Pombagira

Por Alexandre Cumino

Introdução

Na primeira edição deste livro, 2019, faltou uma pesquisa que aponte por quais caminhos e encruzilhadas Pombagira passou antes de chegar até aqui.

Falar de Pombagira hoje é diferente do que foi na década de 1990, e este é um dos desafios ao pesquisador: contextualizar fatos e conhecimentos, sem julgar, a partir da visão que temos hoje, procurando entender uma pluralidade de pontos de vista que se encontram e desencontram nas encruzilhadas entre tempo e espaço.

Este material é uma colaboração para todas, todos e todes em seus estudos futuros sobre a Rainha da Encruzilhada.

A partir desta terceira edição, *Pombagira, A Deusa – Mulher Igual Você* passa a ser outro livro, pois aumentamos consideravelmente o número de páginas, obtemos estudo inédito nos meios acadêmicos, teológicos e doutrinários até aqui e dedicamo-nos a uma diagramação que merece cuidado e carinho especial de nossa parte.

Para chegar a esta versão, foram consultadas fontes conhecidas, desconhecidas, esquecidas e apagadas, que, de alguma forma, citam ou pretendem explicar Pombagira.

Colocar diversos olhares em uma mesma Encruzilhada nos permite chegar o mais perto possível de um olhar de Pombagira para sua própria realidade.

Alguns textos da primeira versão foram suprimidos por não fazerem mais parte do contexto ou por seus colaboradores não participarem mais desta visão, assim como não fazem parte deste momento do livro vivo da Deusa em mim.

Boa Leitura!
Alê Cumino

Apresentação

Por Angela Peres

Uma brisa na noite quente. Eu a sinto. Eu estou em toda parte e você ocupa esse espaço que sou eu. Não é uma parte minha, nem eu sua. Eu sou. Você é. E, ao ser, você habita e me ocupa. Apenas sinta.

Habitá-la com consciência é um grande desafio de verdade consigo mesmo.

Para muitos, a Pombagira representa a expressão de sensualidade. Mas isso é muito pouco. Isso é nada perto do que ela realmente é. Ela nos mostra quem somos, os valores que abrigamos em nosso ser. Ela revela, desnuda, escancara.

Quem está verdadeiramente pronto para encarar as profundezas do que é essa vibração que nos convida a enxergarmos nosso próprio interior?

Por onde ela passar – onde não houver mistificação de seu ser – nada será como antes. Estruturas corrompidas ruirão. Aqueles que se acham melhores que outros se revelarão. Aqueles que mentem, omitem e falam pelas costas serão vistos de frente. Essa é a revolução que se opera quando invocamos sua força. A presença dela sempre esteve. Mas com sua sabedoria, aguardava o momento de nossa consciência estar preparada para sua manifestação.

Com o livre-arbítrio que temos, podemos escolher permanecer nas mentiras e farsas que criamos no dia a dia, ou escolhemos ser sinceros conosco e com o mundo. Atendendo a esse chamado de transformação por uma nova consciência, ela se apresenta e muda tudo o que víamos ser frágil e sem consistência.

Que o vento dessa saia leve para longe toda a desumanidade que se apresenta nos dias de hoje revestida de boas intenções! O melhor para si não pode ir contra o melhor para o todo. Caso isso ocorra, algo precisa ser revisto.

Sensualidade é só a espuma da onda. O oceano é bem mais profundo. Essência, verdade, força, potência, olhos nos olhos, essas são as águas que navegamos ao sentirmos sua frequência.

Enquanto alguns discutem se ela foi ou não foi puta, a deidade observa atenta e paciente.

É preciso maturidade para nos dispormos a navegar por esses mares. Por isso, eu convido a todos para que se dispam. Essas águas não aceitam cascas, máscaras nem conveniências.

Se a leitura é para agradar alguém, não continue.

Faça apenas se for por você. Para que você se transforme, se melhore. Agora, nu, caminhe para o mar e não pare se uma onda vier. A plenitude de conhecer esse oceano é bem maior do que qualquer medo. Aproveite, desfrute, permita-se sair transformado dessa experiência. Ela nos diz: "Eu sou você". O que descobrir aqui, aplique a si. Queira enxergar a si mesmo. Só assim, o portal guardado pela Esfinge não o devorará. Desejo ao leitor retidão e firmeza de princípios. Do outro lado, um esplendor mais humano e justo (para o todo, não apenas para si mesmo) o espera. Boa viagem.

Angela Peres *é doutora em Antropologia Social, atriz, diretora, dramaturga, umbandista e militante da luta antirracista e feminista.*

Prefácio

Por Claudia Alexandre

Agradeço ao autor por ter me incluído neste importante trabalho e pelo privilégio de ter lido em primeira mão este livro. Diante deste título tão provocativo, *Pombagira, A Deusa – Mulher Igual Você*, tomo para mim a incumbência de avisar os leitores e leitoras para que se preparem, pois ele não é apenas uma provocação! É sobre reconduzir a Deusa ao seu devido lugar. É sobre retomada de caminho.

Seja qual for o motivo que o(a) levou a ter em mãos esta obra, seja pelo apelo atrativo que ela propõe ou por todas as mentiras que já lhe contaram sobre esse tema, prepare-se para entender por que o lugar da Pombagira é onde ela quiser estar. Também não estranhe se as páginas deste livro, uma a uma, lhe deixarem a impressão de que ela, inclusive, está aí dentro de você!

O sacerdote, umbandista, bacharel em Ciência da Religião e escritor Alexandre Cumino nos brinda com esta arrebatadora narrativa e atualiza a literatura dos estudos das religiões afro-brasileiras, em especial da Umbanda. Mas, diferentemente do tom de mestre e investigador interessado das celebradas obras anteriores, ele se rende a outra forma envolvente de escrita. Dessa vez, como um bom médium que é, dando voz a uma das mais amadas, incompreendidas e também demonizadas entidades do universo afro-religioso: a Pombagira.

De minha parte, depois desta leitura, e para todo sempre, tenho certeza de que ela é uma Deusa, mulher igual a mim.

Cumino localiza muito bem essa Deusa. Ela é Pombagira Entidade e também Pombagira Orixá. Ela não é simplesmente Exu Mulher, não é a mulher de sete maridos, mas a companheira dos Exus em suas vibrações nas Sete Linhas de Umbanda. Ela só pode ser compreendida como Mulher de Exu, porque um está para o outro, em uma sincronicidade incrível! Ela e Exu formam o par ideal, aquela harmonia desejada, a complementação. Não existe submissão nem disputa de poder. Pombagira é única em sua multiplicidade. Há muitas revelações por aqui!

É compreensível que esta obra nos chegue às mãos bem depois do livro *Exu Não é Diabo*, lançado pela Madras em 2018, na qual o autor propõe desconstruir do imaginário a ponte intolerante que liga Exu ao Diabo cristão. Exu é Orixá, entidade, mensageiro, guardião, guia, amigo e mestre...; e o Diabo, do mal e do pecado, não é problema nosso!

Um dos mais conhecidos provérbios sobre o Orixá Exu diz assim: "Exu matou um pássaro ontem, com a pedra que atirou hoje".[1] Pois aqui, pela precisão do lançamento deste

---

1. No livro *Pensar Nagô*, o jornalista e sociólogo Muniz Sodré dedica um capítulo sobre esse provérbio/aforismo, no qual ele fala das regras morais que essas expressões impõem, mas principalmente sobre as formas de crer, existir e pensar dos povos nagôs, de onde se origina o culto aos Orixás. Fala sobre a importância do tempo e da compreensão de como as coisas se movem. Exu é um modelo, porque tudo se move em torno dele, homem/mulher, masculino/feminino. Exu, todavia, revela algo muito mais amplo, algo inerente à condição humana, seja branca ou negra, europeia ou africana, que é a ligação visceral entre o sagrado e o erótico (SODRÉ, Muniz. *Pensar Nagô*. Petrópolis. Vozes, 2017, p. 179).

novo livro, não tenho dúvidas de que também a "Pombagira matou um pássaro ontem, com a pedra que atirou hoje", razão pela qual foi ao encontro do autor para reivindicar sua história, em pé de igualdade, para ser colocada em um olho no olho em quem a reduziu à "dona" da face do mal.

Desde a história da origem da Umbanda, incluindo obras dos primeiros autores que se ocuparam do assunto, adjetivos não faltaram para desqualificar a Pombagira, no interior da própria religião. Sem contar o preconceito vindo de religiões judaico-cristãs, que a transformaram em "encosto, prostituta do Diabo, mulher demônio, esposa de Satã e encarnação do mal", além de entidade "vulgar, bruxa, feiticeira, infiel, pronta para desafiar o mito da virgindade, desmanchar casamentos e fazer amarrações". Essa Pombagira não existe!

Cumino não perde tempo com essas falácias, até porque os desafios que a Deusa lhe impõe são outros. O mais impactante e transformador, como ele mesmo conta, após ter recebido a visita da própria Deusa, foi buscar sua essência perdida na aproximação com a realidade de mulheres negras e todas as desigualdades sofridas por elas, para assim libertar as outras de todo o tipo de dominação.

Foi exigindo o entendimento sobre o feminismo negro[2] que a Pombagira reivindicou não apenas um livro, mas também uma revolução para todas as mulheres, principalmente para as que foram (e são) historicamente violentadas, caladas, perseguidas, discriminadas, humilhadas, abusadas,

---

2. Movimento de políticas feministas que têm como pauta central ações para transformar a condição de mulheres negras no contexto de raça, gênero e classe pelo mundo. Vale indicar que leiam teóricas e ativistas como Angela Davis, bell hooks, Patrícia Hill Collins, Sheila Walker, Sueli Carneiro, Jurema Werneck, Rosane Borges, Lelia Gonzales, Luiza Bairros, Beatriz Nascimento, Neuza Santos, Djamila Ribeiro, Chimamanda N. Adichie, Mãe Stella de Oxóssi e Makota Valdina, entre muitas outras...

invejadas e assassinadas pela ação do patriarcado, vítimas do sexismo, da exploração sexista e da opressão.[3]

Pela voz da Deusa ouve-se o grito pela liberdade das mulheres que ela habita. Por isso, não aceita o Deus torturador que a rejeita, que rejeita todas as formas de mulher, de mães, seus nomes, as Marias e todas as Pombagiras.

O autor, apesar de mais de 20 anos militando pela Umbanda, traduz no conjunto dos 20 textos desta obra seu próprio despertar, ao se render às profundas vontades da Pombagira. Apesar de sempre ter reconhecido a importância dessa entidade, ele mesmo confessa que "não sabia, que não sabia", por exemplo, que mudar a realidade de mulheres negras é questão urgente para a Deusa.

Cumino também parece estar entregue quando eleva naturalmente esse feminino que não aceita subjugação ou estereótipos. Ele é mediador de incisivas sussurradas por ela, como: "Sou o interior de tudo que existe, estou dentro, estou no íntimo, estou no fundo, nas profundezas e abismos físicos e existenciais".

Este livro mostra que enquanto nos afastaram de Pombagira, nos privaram da coragem e do próprio desejo, pois é ela a imagem pura dos desejos e da própria vida. Outro sussurro: "Acima de tudo sou virtude. Não sou seus vícios e não sirvo a eles. Sensual, carnal, mental, astral, emocional, sou a ânsia que brota no mais profundo de sua alma,

---

3. Esses marcadores do movimento feminista, que dizem respeito aos homens e às mulheres brancos, brancas, negros e negras, de certa forma resumem o que é patriarcado e foram apresentados pela primeira vez pela ativista negra norte-americana bell hooks (em letra minúscula mesmo!) em 1984, no livro *Feminist Theory: From Margin to Center*, mas estão muito bem explicados em *O Feminismo é para Todo Mundo – Políticas Arrebatadoras*, lançado recentemente (hooks, bell. Tradução de Ana Luiza Libanio. 4. ed. Rio de Janeiro: Rosa dos Tempos, 2019). Livro que eu ganhei de presente do próprio Alexandre Cumino (ou da Deusa?).

sou divina, Sagrada e verdade em todas as instâncias do ser humano".

É intenso o contato que se tem com as Deusas demonizadas pela história, simplesmente porque subverteram a vontade do Deus homem. O mundo machista não suportou a existência de um Deus e de uma Deusa em harmonia e desequilibrou uma parte de nossa própria compreensão de mundo. Estamos deslocados, e sem o poder da Deusa não será mais possível.

Por isso, emergem Lilith, Asherat, Nêmesis, Hécate, Trívia e todas as deusas da noite. Sem esquecer Eva, Mãe de Deus, Nossa Senhora e Maria Madalena. Mas também "Iyá Amapô, Iyá Obo, Iyámi Oxorongá, Oxum (a mais associada à sensualidade), Iemanjá, Nanã Buroquê, Logunan, Iansã-Oyá, Oroiná-Egunitá, Obá...".

Pombagira discute os conceitos de liberdade, patriarcado, sexualidade, virgindade, imoralidade, racismo e intolerância, entre outras questões, para que ninguém mais fale sobre ela, sem que a ouçam primeiro.

Compreenderemos, por fim, por que Alexandre Cumino é o escritor, mas está no lugar de escuta. Porque ele, um privilegiado, jovem, homem, branco, olhos azuis, um dos sacerdotes de Umbanda mais conhecidos do Brasil, com grande número de títulos lançados e vendidos sobre temas dessa religião, já entendeu que seu caminho, na verdade, é o caminho da Deusa.

Portanto, leitoras e leitores, se preparem, pois este livro não é sobre oferendas, champanhes, perfumes, cigarros ou rosas vermelhas.

É sobre a Pombagira negra, nua e dourada. Ela é Alexandre Cumino. Ela sou eu. Ela é Pombagira, a Deusa: Mulher Igual a Você.

Laroyê Senhora!

Axé!

Claudia Alexandre *jornalista, radialista, mestre e doutoranda em Ciência da Religião (PUC-SP). Dirigente do Templo da Liberdade Tupinambá; Ebomi do Terreiro Xangô Ogodô Dey (Cachoeira-BA); e uma das fundadoras do Cecure (SP)*

I PARTE

Pombagira na Umbanda

Feche os olhos, imagine Pombagira, qual imagem vem à sua mente?

Agrada-lhe ou lhe estranha? Como ela é?

Forte, sensual, guerreira, delicada, negra, branca?

Ela está fumando, bebendo, dançando, provocando, rodando, gargalhando, gemendo, gozando, guerreando, quieta, séria, furiosa ou feliz?

Para uns uma guerreira, para outros delicada e sensual, transgressora, provocadora, mulher de enfrentamento, amante da alma, guardiã de seus caminhos.

Há quem diga ser puta, vadia, cadela, cachorra, rameira, quenga, vaca, galinha, piranha... O ponto cantado de Umbanda já diz: "Na boca de quem não presta Pombagira é vagabunda".

Ainda nos perguntamos se tem a ver com a profissão mais antiga da humanidade ou com a liberdade indomável de uma mulher selvagem, rotulada com o que há de pior nos adjetivos machistas, misóginos, patriarcais.

Pode ser que o xingamento saído da "boca de quem não presta" seja mesmo um elogio.

O xingamento da ignorância pode ser motivo de gargalhada, afinal, o que esperar de um mundo materialista com valores invertidos?

Nós não temos a mesma imagem de quem é Pombagira; cada um ou cada uma tem sua imagem, sua própria projeção de quem ela é. Não há concordância. A grande parte dos símbolos, sentidos, qualidades, atributos e atribuições associados à Pombagira são imagens distorcidas criadas, em sua maioria, na mente de homens heteronormativos, patriarcais, machistas.

Pombagira incorpora em homens e mulheres, a partir de uma espiritualidade natural acessível a todos e todas. Isso pode acontecer em ambiente doméstico, de uma espiritualidade livre ou na formalidade ritual de uma religião, como Umbanda, Jurema, Tambor de Mina, Encantaria, Espiritismo, Candomblé e outras que organizam e dogmatizam o saber por meio de doutrina e ritual, templo, sacerdócio e adestramento dos corpos.

Pombagira é espírito feminino que toma corporeidade para se relacionar, em primeiro lugar com sua médium ou seu médium, e depois com as demais pessoas queridas que a procuram em casa ou no terreiro.

Pombagira bebe, fuma, canta, dança, rebola, provoca, chacoalha, geme, ri, gargalha, enfrenta e briga; rezando, orando, benzendo, desdizendo, quebrando demanda, desfazendo feitiço, desfazendo os nós, desembaraçando vidas, soltando amarras, libertando almas e corações por meio de baforadas, cusparadas, magias, velas, pó de pemba, ponto riscado, flores, perfumes, encantos e desencantos.

Acima de tudo Pombagira fala, orienta, conversa, dialoga, ensina, conduz, guarda e protege quem sabe chegar até ela com amor, respeito e reverência.

Pombagira é a mulher em sua potência máxima de liberdade, que ganha corpo em todos os corpos.

Pombagira é o que quiser, pode ser ao mesmo tempo contrastes e contradições; pode ser a mulher selvagem e ao mesmo tempo a mulher delicada; pode ser da noite ou do dia; pode ser da guerra e do enfrentamento ou da sedução e da boemia; pode ser Rainha Negra ou Rainha Branca; africana ou europeia; pode ser o perfume de dama-da-noite ou a navalha que corta a carne; é Maria Madalena, Lilith, Kali, Hécate, Orixá Exua, Vodum Legbara, Inquice Pambunijila ou Bombogira.

Pombagira vem para transgredir tudo que nos oprime, vem para mostrar um mundo além de nossas crenças, romper preconceitos e devolver a você o poder sobre si mesma ou si mesmo, na vida.

Diante de uma sociedade repressora da mulher, em que a "dama recatada do lar" deve manter a "etiqueta" de falar baixinho, sorrir discretamente e ser um adorno da costela de Adão; gargalhar alto, rebolar, dançar e se expressar livremente com desenvoltura representa uma cura de muitas dores ancestrais de nossas maes, avós, bisavós, tataravós caladas, abusadas, estupradas, caluniadas, marginalizadas, ofendidas, apedrejadas, enforcadas, queimadas nas inquisições canônicas, antigas e contemporâneas. Quando nos curamos, curamos toda uma ancestralidade para trás e para a frente; quem cura a si, cura o mundo, assim como quem se acolhe, acolhe o mundo; tudo, afinal, é sobre nós.

Mas não é apenas a mulher, o homem também sofre as mesmas dores em lugares diferentes, com seu silêncio, sua dureza e expectativas de ser macho alfa em meio a tantas carências de relacionamentos desequilibrados por dores sociais e comportamentos introjetados pelo que foi dado como moralmente aceito diante da hipocrisia que fecha os olhos de dia e rasga a carne de noite. Mulheres e homens trans, pessoas não normativas e outras identidades de gênero seguem com as mesmas dores atravessando-lhes de formas diferentes, a partir de suas visões de mundo particulares, nas quais carregamos as dores e delícias de nossas ancestrais, em nosso DNA, no inconsciente coletivo, na espiritualidade transgressora ou mesmo em nossa domesticação, para se adequar a um mundo doentio e desequilibrado.

Buceta é o nome de uma pequena bolsa onde se guarda uma joia preciosa, vagina é a bainha de uma espada sangrenta feita para matar. Pombagira é a pedra preciosa e delicada que uma mulher ou homem traz dentro de si; somos todas putas e bucetas de nossa alma indomável, selvagem, transgressora e imoral.

Palavras fortes e presença visceral marcam a manifestação daquela que dança em sua alma e canta em seus ouvidos; essa mesma que traz o dom de encantar mundos e libertar sua potência máxima na Terra. Liberdade de ser quem é, transgredir nossas dores e calar o choro com gargalhadas são marcas da Rainha da Encruzilhada.

Podemos ainda dizer que Encruzilhada é a alma onde corpo, mente, espírito e emoções se cruzam, ali se assenta a Rainha da Alma, Pombagira.

Ela pode se manifestar em corpos e rituais, sonho, intuição, clarividência, clariaudiência ou cerimônias de Ayahuasca; inclusive para pessoas que não tem a mínima ideia de quem é Pombagira.

Pombagira não está limitada à Umbanda, ela se manifesta em muitas outras espiritualidades e religiões. Aliás, o que Pombagira não tem é: limites.

Por algum mistério da espiritualidade, todas, todos e todes temos Pombagira em nossas vidas; algumas se apresentam, outras não; alguns de nós vão em busca, ao seu encontro, outros não.

Aqui vamos falar de Pombagira a partir da espiritualidade e da religião Umbanda, com suas complexidades e suas simplicidades, que implicam diferentes formas de olhar, ver, sentir e se relacionar. Aqui você não encontrará uma verdade única, muito menos uma única forma de observar; todo ponto de vista é apenas a vista de um único ponto, o ponto do observador; expandir sua consciência é um desafio para ir além do olhar único, limitado e relativo.

Pombagira Faz o Bem e Faz o Mal?

Discursos de que Pombagira faz o bem e faz o mal estão presentes em quase todos os títulos de livros publicados sobre o tema. Em muitos, Pombagira aparece apenas como um apêndice, anexo ou qualidade de Exu Pombagira, em que todo preconceito e medo presentes no imaginário popular de Exu recaem sobre Pombagira com a carga extra da repressão à mulher selvagem, mulher natural, mulher livre, chamada Puta. Pode-se dizer "Exu não é Diabo"; no entanto, dizer "Pombagira não é Puta" reforça a agressão machista sobre a mulher livre enquanto sinônimo de puta, indomável e dona de si mesma, de seu corpo, alma, mente, espírito e emoções.

Pombagira por si só é uma ameaça ao mundo conservador, tradicional, heteronormativo, colonial, patriarcal, machista, hipócrita. Para quem pretende se manter nesse formato de vida canônico, que exalta a casta virgindade de uma mulher submissa ao macho, Pombagira se mostra uma demônia debochada e desbocada, que gargalha diante da mão que a fere, assim como a árvore de sândalo perfuma o machado que a corta.

Quando a alegria de ser quem é ofende quem não é, neste mundo de ilusão, onde nos perdemos de nós mesmos, os valores se invertem e a castidade se torna um bem a ser possuído, negociado, valorizado a custo de muita dor para todos nós, de todos os gêneros.

Bondade e maldade muitas vezes são dois lados de uma mesma moeda, geralmente pesa como julgamento moral, no qual o diferente do normativo é demonizado e condenado ao inferno, como as Deusas do submundo, amadas e poderosas, que nos guiam e conduzem na noite escura da alma.

Lilith, Hécate, Kali, Pombagira reinam no nosso submundo particular, em nossas sombras; são elas que nos conduzem ao breu de nosso inconsciente rumo à cura de nossas dores e empoderamento para dar luz às nossas sombras.

Inferno ou trevas é apenas o desconhecido, o oculto, que ganha tons terríveis nas telas do medo, que apavora nossa zona de conforto, do quase nada que sabemos sobre a vida.

Pombagira é o mal para quem não conhece o bem, é morte para quem não conhece a própria vida, é julgamento para quem desconhece o amor. Quem te ama incondicionalmente, não te julga.

Bem e Mal só existem no campo das intenções, em fazer o bem ou fazer o mal; todo o resto passa por construções de julgamento moral.

Em algumas Umbandas, foi criada a ideia de Pombagira de Lei e Pombagira Pagã, fazendo mais uma divisão, e muita confusão, entre quem faz o bem (de lei) e quem faz o bem e o mal (pagã).

Não me parece fazer muito sentido aceitar um "Exu Pagão" dentro de uma ideia de que ele será doutrinado para então se tornar um "Exu de Lei" ou "Exu Coroado", isso me parece algo teatral.

Essas entidades que incorporam estão muito à nossa frente; manifestar-se como algo atrasado deve revelar algo oculto do próprio médium, leva-nos a reflexões em busca de dar um sentido de ser aos desequilíbrios humanos que se manifestam e se misturam no transe de incorporação.

Toda manifestação mediúnica se fundamenta no amor; amor é a razão e o que atrai uma entidade, que é guia, mestre, ancestral e parente, em sua família de alma.

No meu olhar mais humano eu só entendo esse amor, todas as entidades são muito amorosas e acolhedoras; quando assim não for, pode ser que esteja incorporada em um médium que ainda não acolheu a si mesmo. Entidades incorporadas usam o linguajar de seu médium, seja homem ou mulher, e revelam uma visão de mundo a partir da realidade na qual estão inseridas pelo transe mediúnico.

Manifestações rudes tem coerência com a visão de mundo rude do médium, entidades honram a realidade de cada um, e assim vamos ao encontro de nossa cura quando essas mesmas entidades, igual mestres, se manifestam com qualidades que curam nossas dores.

Muitas entidades, guias ou mentores representam mudanças em nossas vidas; quão profunda for sua alma, assim será a profundidade de sua manifestação.

Voltando à entidade "atrasada", ela provavelmente está apenas refletindo a linguagem interna de seu médium ou sua médium, é ele ou ela quem deve observar-se; nenhuma doutrina é necessária, é providencial mergulhar em sua própria sombra, assumir e acolher suas dores, dissabores, traumas, rejeições, ressentimentos, remorsos, mágoas, raiva... acolher-se com seus medos, trazendo amor como fonte de vida para o agora, reconhecendo que o amor está para a vida, assim como o medo para a morte. Estamos mortos ao nos paralisar no medo.

Acusar demônios, obsessores e magias negativas como causa para as próprias frustrações é uma forma de terceirizar a responsabilidade sobre a própria vida como campo de cocriarão.

Mesmo quando houver obsessor, sua presença é apenas uma lição a aprender. Quem conhece a própria sombra não teme mal algum que possa ser chamado de trevas; quem se conhece sabe que todas as nossas portas de percepção se abrem, apenas, de dentro para fora.

Não existe obsessor para quem antes não se obsediou, não existem demônios para quem antes não se demonizou, não existe trabalho feito ao acaso. Tudo que vem na vida é apenas para nosso aprendizado, não existe mal absoluto, tudo é amor, e o que não for é sua falta em alguma instância de nosso ser.

Trevas, de fato, é a ignorância humana com seu obscurantismo que cria os próprios demônios e os lança ao mundo carregados de pecado, culpa, medo, crenças limitantes e dogmáticas.

O primeiro amor é solitude, amar a si mesmo e se acolher do jeito que for, com tudo, com suas dores, mágoas, traumas, memórias, inquietações, raiva, angústia, medo, remorso, rejeição, ressentimento... acolha-se e aceite-se como é, amorosamente, gentilmente, generosamente, delicadamente, e assim estará curando suas dores e seus "demônios".

O mal é apenas o amor que está doente, Pombagira é cura para tanto desamor e desacolhimento nesta vida.

A Umbanda acolhe e exalta excluídos, humilhados ou marginalizados, assim são os mentores da Umbanda: Cigana, Preta-Velha, Pombagira, Exu, Baiano, Boiadeiro, Malandro, Cangaceiro, Marinheiro. Essas consciências (entidades) trazem as marcas da exclusão, muitas foram julgadas e apontadas, são justamente elas que nos acolhem incondicionalmente, sem nenhum julgamento, e nos amam exatamente como somos.

Como cura sistêmica, pedimos a bênção e o amparo a todos que foram marginalizados, julgados inadequados para o sistema, esses que entendem o que vai na alma incompreendida e transgressora de tudo que lhes oprime.

Caso alguém mal-intencionado procure Exu ou Pombagira para prejudicar um terceiro, vai receber uma aula de como esse mal voltará para a própria pessoa ou simplesmente ouvirá que "está procurando encrenca no lugar errado", afinal são eles, Pombagira e Exu, quem nos protegem da maldade alheia, que encontra ou não ressonância em algum lugar de nosso ser que ainda não acolhemos.

Somos nossos próprios inimigos, quando limitamos nossa consciência a crenças no desamor e nos agredimos com uma autocrítica que vive a apontar nos outros o que incomoda em nós.

Muitas vezes, Pombagira entra em choque com as trevas interiores de suas médiuns e seus desdobramentos na vida, em busca de chamar atenção para onde pode melhorar a vida.

Tudo o que podemos fazer na vida, de melhor, é ser amor; uma consciência que se expande tende a continuar expandindo, de forma que transcende o sofrimento, o medo e seus próprios limites. Se não há limites para Pombagira, podemos imaginar o quanto esse conceito é importante em nossa carne, corpo, mente e espírito para vencermos nossas limitações.

Na calada da noite, na descida da serra, na ilusão de poder, no desvario dos desejos, na noite escura da alma, é ela quem está lá amando você incondicionalmente e buscando por onde lhe proteger de si mesma. Entre encontros e desencontros de você com sua alma, note que são muitas as vezes que nos perdemos de nós mesmos. Pombagira é quem lhe devolve a si mesma e lhe empodera de si.

E ainda assim, o nome Pombagira já foi muito utilizado em trabalhos para prejudicar pessoas, não faltam livros escritos por "umbandistas" ensinando que Pombagira e Exu são o mal e fazem o mal, como aparece em *Umbanda e Quimbanda*, de Lourenço Braga, 1941; *Exu*, de Aluizio Fontenelle, 1951; entre outros livretos ou cartilhas "umbandistas" com receitas para prejudicar inimigos. Que o digam Antonio Teixeira da Silva, 1953, e N. A. Molina, da década de 1960, em suas dezenas de títulos esquecidos pelo tempo, largados em prateleiras empoeiradas ou trancados em cofres da maledicência de quem se perdeu de si.

A partir das décadas de 1960 até 1990, esses autores e suas receitas foram os mais copiados e mais vendidos sobre Exu e Pombagira, em que ganham destaque para fazer o bem e o mal. A partir daí vai surgindo o paradigma de que Exu e Pombagira fazem o bem e o mal, um olhar demonizante e distante da realidade de quem lhe ama e lhe deseja o bem.

Por esse contexto histórico misógino, observe uma distância muito grande entre uma receita para prejudicar alguém, feita em nome de Exu e Pombagira, e a atuação real de Exu e Pombagira enquanto mestres na vida de seus médiuns.

Há várias explicações para dizer ou tentar entender o que acontece quando alguém faz uma receita, entrega ou despacho em nome de Exu ou Pombagira com intenção de prejudicar alguém.

Existem espíritos que recebem trabalhos negativos para prejudicar uma pessoa? O livro *Memórias de um Kiumba*, psicografado pelo médium José Usher (Madras Editora), explica que há falanges de espíritos dedicados ao mal, que se utilizam dos mesmos nomes dos Exus e Pombagiras conhecidos na Umbanda e respondem aos mal-intencionados que os evocam como Exus e Pombagiras sem lei. Como nada acontece ao acaso, uma pessoa que recebe uma demanda de magia negativa ou uma demanda mental, de pensamento negativo, está vibrando nessa faixa e atraindo para si alguma lição nesse campo espiritual que a conduz para um vale de reflexões sobre a vida e suas escolhas.

Outra explicação é que o nome da entidade diz respeito a uma vibração na qual pode se estabelecer algo de positivo ou negativo no campo da magia e da manipulação de energias. Quando alguém diz que tem uma demanda de Pombagira Mulambo ou de Exu Tranca-Ruas contra você, não quer dizer que seu Tranca-Ruas ou Dona Mulambo fizeram ou aceitaram algo para lhe prejudicar, quer dizer apenas que aquela energia negativa está no campo de atuação deles (Tranca-Ruas ou Mulambo); basta um estalar de dedos, uma entrega ou oferenda e eles mesmos desfazem o mal, feito por outras pessoas, identificado em seu campo vibratório. É uma ciência de magia popular espiritual umbandista. Fácil de realizar, complicada de explicar, se não houver uma construção teológica de seus fundamentos mágicos. A Teologia de Umbanda é a ciência que explica esses fundamentos e desdobramentos na matéria e no astral.

Quando alguém deseja o mal a outra pessoa, algo acontece, uma energia negativa é criada e direcionada para o desafeto. Velas, charutos, bebidas e outros elementos podem ser utilizados nessa magia negativa; no entanto, tudo se volta contra quem fez e quem pediu para fazer, mais cedo ou mais tarde. Afinal, no momento em que uma pessoa deseja o mal de outra pessoa, esse mal se instala como uma semente no corpo de quem o invoca; assim, vai se alastrando no corpo, na mente e no espírito do mal-intencionado. Isso se estabelece em um padrão de energia, uma vibração, quase uma identidade-chave que se revela por nomes populares como Padilha, Mulambo, Farrapo, Caveira, Tranca-Ruas, Maioral, Tranca-Tudo, Marabô, Tiriri, Sete Saias, Sete Encruzilhadas, Menina, Rainha, Quebra Mar, etc.

Há muitos caminhos para se curar do próprio mal que corrói a mente do hospedeiro. Quanto à vítima, tudo depende; depende de como ela vibra, se tem sintonia com esse mal, se o negativo pode trazer algo de positivo, como ensinamentos para a vida ou a busca pela espiritualidade. Em tudo, sempre observe o fato de que nada acontece por acaso, tudo é aprendizado oportuno ou necessário.

Faça da vida seu mestre e não haverá positivo ou negativo, tudo que vier é apenas aprendizado.

Com este livro, não tenho pretensão em trazer a palavra final sobre Pombagira, é impossível esgotar o assunto; a literatura publicada até agora é mínima, escassa e precária.

Não existe uma visão correta e outra errada, há apenas pontos de vista, pesquisa e quem sabe alguma inspiração que venha do âmago do mistério Pombagira ao âmago da médium ou do médium que esteja aberto a receber algo de novo ou revelador sobre os mistérios da Criação.

Dedico este estudo principalmente a quem está tomando os primeiros contatos com Pombagira, mas também a quem já está há muito tempo em contato com Pombagira e aguardava um estudo mais profundo e fundamentado sobre seu mistério.

Este estudo, assim como a Pombagira, não está limitado à religião Umbanda. Este saber parte de uma espiritualidade natural que pode ser considerada Espiritualidade Umbanda ou Umbanda Natural, o que está além de estrutura, hierarquia, dogma e ritual da religião Umbanda, com suas formalidades comuns, normativas, dogmáticas e pertinentes à estrutura Religião, como qualquer outra religião.

Umbanda Natural ou Espiritualidade de Umbanda é o que se manifesta em sua alma e desabrocha em flores e perfumes no lar, em ambiente doméstico ou num templo, terreiro, centro, sem formalidades, onde corpo é o único templo no qual o sagrado se manifesta e consagra o ambiente onde estiver, seja a sala, a cozinha, o quintal ou um simples cantinho em sua casa, dedicado à manifestação mediúnica ou xamânica de sua espiritualidade visceral.

Pombagira, Boca Coletiva

Pombagira fala e come por todas as bocas, engole, devora e cospe seu poder no mundo.

Pombagira dançou ontem com a saia que vestiu hoje, engoliu-me hoje e cuspiu ontem nas encruzilhadas desta vida, assentou-se em minha alma, tomou meu corpo e inspirou este livro. Transgrediu o tempo linear do heteropatriarcado colonial para estabelecer sua espiral, em meu ser, rasgando de dentro para fora alteridades ainda adormecidas.

Hoje os trânsitos entre Pombagira e Exu, em mim, se estabelecem em relações que se cruzam e descruzam sem perder identidade. Isso permite maior liberdade de entender Pombagira transitando pela realidade Exu, assim como este transita pela realidade Pombagira.

Cheguei a acreditar que o ideal para falar sobre Pombagira seria não partir de Exu, como a busca de um purismo em torno de Pombagira. Hoje sei que evitar comparações é impossível em um estudo de contexto histórico, pois em todas as buscas e pesquisas Pombagira sempre aparece associada a Exu; nas fontes primárias de literatura umbandista, ela aparece como uma das qualidades de Exu, o que para muitos permanece assim até os dias de hoje.

Orixá Exu tem muitos nomes, são epítetos, algo que a mente ocidental associa a qualidades. Como Exu Lonan, Exu Yangui, Exu Enubarijóa, Exu Igbá Ketá, Exu Oritá Ketá, Exu Bará, Exu Eleguá, Exu Elegbará, Exu Legbá... Não é estranho que uma divindade de outra cultura como o Vodum Xoroquê ou mesmo Legbá se torne qualidade de Exu Xoroquê e Exu Legbá. Da mesma forma, não é estranho que Inquice Pambunijila se torne qualidade em Exu Pombagira, Exu Bombogira ou Exu Pambunjila.

No entanto, se partir de Pombagira, poderíamos ter Pombagira Exu, Pombagira Enubarijó, Pombagira Olonan, Pombagira Bará, Pombagira Legbá. No lugar de Pombagira como qualidade de Exu podemos transgredir para Pombagira com tantas qualidades quanto Exu.

Enubarijó quer dizer a "boca coletiva", Exu Enubarijó engoliu o mundo com tudo que tinha dentro, Pombagira Enubarijó engoliu Exu Enubarijó, de dentro para fora. Uma vez que o engoliu, devorou e assumiu todas as suas qualidades e epítetos. Não há nenhuma qualidade de Exu que Pombagira não a tenha, tudo que é gerado vem do feminino; logo, é mais acertado pensar que Exu vem de Pombagira e não o contrário.

Ainda assim, na literatura e religião Umbanda, a entidade Exu pode aparecer como Exu Tranca-Rua, Exu Capa Preta, Exu Sete Encruzilhadas, Exu Sete Covas, Exu Meia-Noite, Exu Caveira, Exu Maioral, Exu Tiriri, Exu Marabô e Exu Pombagira. Aqui também Pombagira se tornou uma qualidade, o que a reduz em poder simbólico. Sendo quem é, sem pressa ela reassumirá, com o tempo, todo seu poder análogo ao de Exu, podemos dizer Pombagira Exu.

A espiritualidade é transgressora, Pombagira é a própria transgressão. As migrações de símbolos, deuses e entidades entre culturas são inevitáveis e não respeita purismo, achismo ou opiniões particulares.

Qual entendimento é possível, nessa encruzilhada entre Orixá Exu e Inquice Pambunjila?

Uma abordagem que não parte de Exu para explicar Pombagira, pode revelar outras alteridades.

No lugar de partir de Exu para explicar quem é Pombagira, podemos partir da ancestralidade negra africana de cultura bantu – Angola/Congo – na qual a divindade, Inquice Pambunijila, inspira a criação da entidade Pombagira, como identidade de espírito feminino livre, guardiã, mestra, amiga e protetora. Algo análogo ao Orixá Exu que inspira a criação do conceito entidade Exu, para espíritos masculinos livres, guardião, mestre, amigo e protetor.

Em um conceito teológico umbandista, entidades são espíritos reencarnantes e divindades são manifestações da Deusa ou do Deus, como mistérios do Mistério Maior na Criação.

Inquice Pambunijila, Entidade Pombagira, Orixá Exu e Entidade Exu estão todos assentados na mesma Encruzilhada, compartilhando as mesmas oferendas, despachos, entregas, padês e ebós arriados nas encruzilhadas da vida, de mundos e percepções diversos.

Ali mesmo, na Encruzilhada, muitos Deuses e Deusas comem, bebem e fumam juntos; os Deuses e Deusas se reúnem nas encruzilhadas de mundos, é ali onde decidem os destinos em sincronicidade perfeita de nossas cocriações, nas quais somos rainhas e reis de nosso mundo particular, que se cruzam com infinitos outros mundos particulares e coletivos.

O que não sabíamos, uns anos atrás, é que Pombagira é sinônimo de Encruzilhada, como explica seu significado etimológico o grande escritor, sambista e especialista em culturas e línguas de origem bantu, Nei Lopes, em seu Novo Dicionário Banto do Brasil:

"Bombogira s. m. (1) Denominação do Exu nagô em cultos de origem banta. // s. f. (2) Porção feminina de Exu, também denominada Pombagira (OC). Da expressão quimbunda pambu-a-njila, encruzilhada (RIBAS, 1979 b, p. 183), uma vez que esse é o domínio preferencial da entidade. Q. v. também o quicongo mbombo, porteira, já que Exu é também o guardião dessas entradas." (LOPES, 2012, p. 52)

"Pombagira s. f. Entidade da UMBANDA, espécie de porção feminina do Exu nagô (OC). Do quimbundo pambuanjila (MATTA, 1893 b), pambu a njîla (RIBAS, 1979 b), encruzilhada. Entre os CONGOS de ANGOLA "Os mfumu (chefes de aldeia) são sepultados nas encruzilhadas principais dos caminhos das vatas (aldeias), isto é, nos mpambu-a-nzila." (FONSECA, 1985 b, p. 51). A expressão pode literalmente ser traduzida como "cruzamento (mpambu) de caminhos, estradas (njila)" e a entidade, cujo domínio principal são as encruzilhadas abertas, se manifesta também de outras maneiras e qualidades, como: Pombagira Cigana, Pombagira Menina, Pombagira Maria Padilha, Pombagira das Almas, Pombagira da Praia, Pombagira Malandra, Pombagira das Encruzilhadas, etc. (cf. FIGUEIREDO, 1983 a).

Agora vamos fazer nossa oferenda de amor e gratidão à Pombagira.

Gratidão é sempre a melhor oferenda, vamos respirar, acender uma vela vermelha, dar uma baforada em sua cigarrilha, um gole de champanhe e, diante das rosas vermelhas, vamos pensar a Encruzilhada de mundos que somos cada um de nós. Onde você estiver é Encruzilhada de mundos. Ao passar em encruzilhadas de rua, lembre-se que tudo é metáfora. Pombagira faz morada em seu ser; metaforicamente ou não, ela recebe sua oferenda de gratidão no corpo, uma onda de prazer lhe percorre a espinha, um arrepio faz a carne tremer, bocejos incessantes, olhos que lacrimejam, uma vontade de dançar, rir alto, gargalhar... Pombagira está em você, onde mais ela estaria?

Um gole de cachaça cuspido no ar, um bater de palmas, dedos estalando, um pedido de licença, o bater de pé com o calcanhar esquerdo, tudo repetido três vezes três, no ar, na terra, na água e no fogo, tudo é magia.

Assim, com esse respeito, entramos na Encruzilhada de mundos; por seu lado sagrado e divino, nós nos tornamos visíveis aos Deuses e Deusas, todos se curvam para ela passar; ali, de cabeça baixa, eu também me curvo, reverencio Pombagira e sinto sua presença.

Segundo Maria Preta, a Pombagira que inspirou este livro, "quando fazemos um ritual, os Deuses e Deusas param o que estão fazendo para nos olhar, assim eternizam aquele momento em nossas vidas"; logo, vamos ritualizar a vida e caminhar sob os olhares das Deusas.

Eu sempre quis saber onde moram os Deuses e Deusas. Certa vez a Deusa Kali, manifestada em mim, afirmou: "Eu moro em tua alma".

Trazemos deuses de dentro para fora de nosso ser; além de incorporar espíritos, excorporamos Deuses e Deusas que habitam nossa alma; eles e elas falam por minha boca, ouvem por meus ouvidos, pensam em minha mente, caminham no mundo por meus pés, sentem em meu coração, dançam em minha cabeça e manifestam no mundo por meu corpo.

Encruzilhada

Agora que estamos no centro da encruza, perguntamos: o que é e o que representa a Encruzilhada?

Sempre que houver mais de uma escolha em sua vida, estará na Encruzilhada; o centro da Encruzilhada sugere mil possibilidades de destinos, é na dúvida e na crise que surgem novas oportunidades.

Aqueles que acreditam ser predestinados se perguntam: "Qual é o caminho certo?".

Aqueles que acreditam nos Deuses se perguntam: "Qual Deus pode me atender na Encruzilhada?".

Aqueles que não acreditam em nada vão ao encontro dos seus demônios pessoais e, ao superá-los, muitas vezes encontram seus Deuses e também sua fé.

Olhar para fora não traz respostas, cada um de nós é uma Encruzilhada de mundos e possibilidades.

Em Alice no País das Maravilhas, ela chega à encruzilhada, encontra o Gato e pergunta por qual caminho deve ir. O gato responde com outra pergunta: "Onde quer chegar?". Ela não faz ideia de onde quer chegar, e ele emenda dizendo que para isso qualquer caminho serve. Completa o diálogo com a ideia de que somos todos loucos, ninguém chega ali se não for louco também.

Loucos somos todos nós que buscamos outro mundo a partir da Encruzilhada de mundos; viver em outro mundo é loucura para quem não vai além do que se vê; para quem vive na gaiola, voar é loucura. Apenas uma loucura sagrada, um espaço de divina loucura pode trazer sanidade para um mundo doente.

Quando estiver na Encruzilhada da vida, verá que existem muitos caminhos e possibilidades infinitas. Sente-se no centro metafórico dessa Encruzilhada, silencia o seu ser, olhe para dentro e procure seu propósito de vida, sua verdade, sua lenda pessoal, seu sonho, sua missão em você, este é seu caminho. Ali no seu centro encontrará todos os Deuses da sua Encruzilhada pessoal.

Por isso, também, a Encruzilhada é um dos locais mais sagrados e reverenciados nas culturas ancestrais, é ali que o sábio sentou e conquistou sua sabedoria!

Os Deuses das encruzilhadas são os mais humanos, acolhem a todos sem julgar, e fazem uma única pergunta: "Onde está sua alma?"

Segundo Paulo Coelho, o ensinamento de um mestre diz:

"A encruzilhada é um lugar sagrado. Ali o peregrino tem de tomar uma decisão. Por isso os deuses costumam dormir e comer nas encruzilhadas.

Onde as estradas se cruzam, concentram-se duas grandes energias – o caminho que será escolhido e o caminho que será abandonado. Ambos se transformam em um caminho só – mas apenas por um pequeno período.

O peregrino pode descansar, dormir um pouco, até mesmo consultar os deuses que habitam as encruzilhadas. Mas ninguém pode ficar ali para sempre: uma vez feita a escolha, é preciso seguir adiante, sem pensar no caminho que deixou de percorrer. Ou a encruzilhada se torna em maldição." (COELHO, 2018, p. 91)

São muitas as Deusas e Deuses que habitam as encruzilhadas, entre elas a poderosa Hécate, Deusa helênica greco-romana. Divindade multifacetada, representa ao mesmo tempo os três aspectos da Deusa: jovem, matrona e anciã; ela simboliza as três fases da Lua: crescente, cheia e minguante. Seus atributos de Rainha da Noite, Rainha do Submundo, Rainha da Lua, Rainha da Magia e Rainha dos Espíritos garantem demonização certa a partir do olhar canônico, assim como é para Lilith, Kali, Astarte, Asherá e Pombagira.

Algumas imagens de Hécate datam de 600 a.C., suas pinturas a representam de vermelho e preto, segurando duas tochas de fogo, um de seus elementos principais:

"O símbolo mais comumente associado a Hécate é a encruzilhada... Ela é a guardiã dessas intersecções e protetora dos que passavam por elas. Os viajantes faziam oferendas de alho, pães e outros alimentos em nome de Hécate e Hermes, nas encruzilhadas, como forma de garantir uma viagem segura. Essa associação com 'caminhos' fez com que Hécate também fosse muito procurada por pessoas que precisavam acertar em uma decisão particularmente difícil." (SIEGEL & WYVERN, 2012, p. 26)

Alguns versos, um verdadeiro hino, atribuído a Hécate nos dá uma pequena ideia de seu vasto poder e mistério:

> *Quando o Universo atravessou os umbrais da existência*
> *Em um fogo cósmico brilhante como um raio*
> *Eu, Hécate, testemunhei o primeiro nascimento*
> *Eu, Hécate, observava de soslaio*
> *Enquanto a escuridão se tornava firmamento*
> *Enquanto "O Nada" paria "O Tudo", que ainda haveria de ser*
> *Eu existi entre os dois, caótica, poderosa, potente*
> *Sol e Lua, Terra e Céus, Hades e o Olimpo ainda a nascer*
> *Existo no entre mundos, no crepúsculo, e no Sol poente*
> *Sou o sopro que deixa seus pulmões vazios*
> *Sou o grito desesperado do recém-nascido*
> *Moro nas juras de amor sussurradas ao ouvido*
> *E nas lágrimas da verdade, ricas em sal*
> *Pois sou a zona cinzenta entre o bem e mal*
> *Ah... mas o que se criou há de se destruir*
> *Tudo é cinza, e reino absoluta. Não há mal ou bem*
> *Meu é o reino que não tem Rainha ou Rei*
> *Meu é tudo que não pertence a ninguém*
> *Como portadora da chave, eu permaneci e permanecerei*
> *E quando o Universo deixar de existir, aqui estarei.*
> *(Op. cit. p. 15)*

Essas citações a Hécate servem apenas para pontuar o quanto esse mistério da Deusa das Encruzilhadas é presente em todos os tempos, em todas as culturas e no inconsciente coletivo.

São místicos, visionários, intuitivos, profetas, xamãs, sacerdotes, feiticeiros, bruxos, magos, devotos e fiéis, todos a reconhecer esse poder que reina absoluto nas encruzilhadas da vida, reconhecida por muitos nomes e muitas faces,

Hécate é uma delas. Poderíamos substituir seu nome por Bombogira ou Pombagira e teríamos um texto muito atual sobre a nossa Rainha das Encruzilhadas.

Simas e Rufino trazem o conceito de Cruzo, no qual a Encruzilhada não é apenas espaço de dúvidas, incertezas ou encontro de dois mundos, é também lugar de encontro de culturas diversas que se amalgamam:

"As encruzilhadas são lugares de encantamento para todos os povos... No alto do Araguaia, era costume indígena oferecer comidas propiciatórias para boa sorte nos entroncamentos de caminhos. O padre José de Anchieta menciona presentes que os tupis ofertavam ao curupira nas encruzilhadas dos atalhos. O profeta Ezequiel, segundo relato do Antigo Testamento, viu o Rei da Babilônia consultando a sorte numa encruzilhada. Gil Vicente, no *Auto das Fadas*, conta a história da feiticeira Genebra Pereira, que vivia pelas encruzilhadas evocando o poder feminino. Para os africanos o Aluvaiá dos bantos, aquele que os iorubás conhecem como Exu e os fons como Legbá, mora nas encruzas." (SIMAS & RUFINO, 2018, p. 17-18)

Há muito que se falar sobre Encruzilhada, por diversos ângulos, pontos de vista diferentes e culturas.

Partir de um olhar africano é fundamental para entender essa Encruzilhada; nas culturas Bantu, Nagô ou Jêje a Encruzilhada é lugar de assentamento de forças, de encontro do Orum (Céu) com o Ayê (Terra), de manifestação do mensageiro de todos os Deuses, ele mesmo um Deus ou Deusa das Encruzilhadas para essas três culturas negras.

A Encruzilhada em si é viva na figura de Exu e Exua, Legbá e Lebara, ou Bombogira e Pombagira.

São inúmeras as lendas de Ifá que narram como Exu ganhou o poder sobre as encruzilhadas; em algumas, ele ganha esse poder de Oxalá; em outras, observa-se que Exu já estava assentado na Encruzilhada entre o Orum e o Ayê quando Oxalá atravessa esse limiar para criar o Mundo.

Na realidade bakongo expressa na "Cosmogonia Bakongo", de Bunseki Fu Kiau, traduzida por Tiganá Santana Neves, observamos a Encruzilhada por meio dos "quatro estágios do cosmograma kongo, expressão de uma cosmognose (zayi wa nza) bantu-kongo figura-se na sua forma de cruz, que antecede, entre os bakongo, qualquer contato com o mundo europeu, cristão. Eles dizem respeito a um mapa interpretativo do mundo e dos acontecimentos, da realidade existencial de todas as coisas que são." (p. 127)

A Encruzilhada para os Bakongo representa uma forma de interpretar a vida e o todo que nos cerca, por meio da interpretação do Cosmograma Bakongo, pela "dikenga", como uma cruz que parte ou se encontra no centro de uma circunferência cortada em quatro partes. Essa "yowa", cruz bakongo, marca as interpenetrações entre o mundo de cima, "nsek", dos encarnados, e o mundo de baixo, "mpemba", dos não encarnados, a linha horizontal é Kalunga.

Kalunga é a força primordial que dá origem a tudo, o oceano

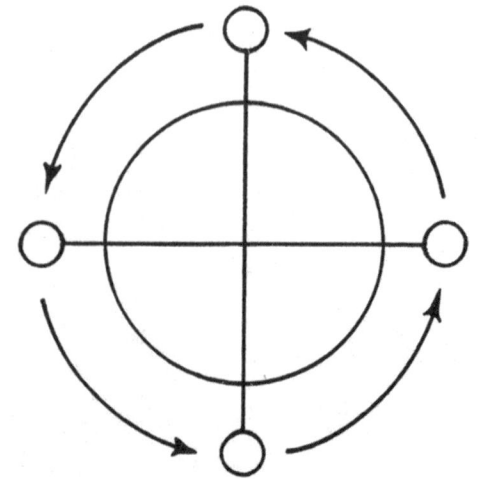

cósmico no qual o mundo (Nza) está pairando, é o portal entre mundos, em constante movimento de manifestar, nascer, crescer e morrer constantemente, em um eterno dingo-dingo.

"Kalunga, o princípio-deus-da-mudança, é a força em movimento, e, por causa disso, nossa Terra e tudo nela estão em perpétuo movimento. O ser humano, em si, é um 'objeto' (ma) em movimento, pois é um trilhador-de-em-volta (n'zûngi a nzila) nos seus mundos superior e inferior." (Fu-Kiau, 1969, p. 23)

Na linha horizontal estão as relações em comunidade, na linha vertical, que lhe atravessa, estão as relações "entre a terra e os céus, e entre o mundo superior e o inferior, para comunicar-se tanto com a Kalunga – a completamente completa energia viva mais elevada (Nzâmbi), quanto com os ancestrais (Bakuros)." (p. 33)

Por questões como essas, o conceito de Encruzilhada está no centro ontológico (na alma) da realidade Bakongo, em que, entre muitos significados possíveis, marca o portal de encontro de diversas realidades.

Esse olhar de interpretação bantu torna muito compreensível o fato de haver um Deus/Deusa da Encruzilhada onde os mundos se tocam, se cruzam e se interpenetram. Da mesma forma surgem os nomes de ancestrais ligados às encruzilhadas, mais tarde se tornam nomes populares de entidades e guias nas Macumbas, Quimbandas e Umbandas.

Segundo FONSECA, citado por Nei Lopes, "Os mfumu (chefes de aldeia) são sepultados nas encruzilhadas principais dos caminhos das vatas (aldeias), isto é, nos mpambu--a-nzila." (FONSECA, 1985 b, p. 51). Isso pode estabelecer relações com ancestrais chefes, líderes, heróis civilizadores, mfumu que se "encantam" (não morrem mais) e passam a viver no imaginário mágico, religioso, espiritual.

Esses ancestrais Bakuros são também os sábios Nganga, os sacerdotes, feiticeiros, xamãs, chamados Tata, Kimbanda, Umbanda e Embanda, todos com relação de força e proximidade com a Encruzilhada entre-mundos.

Entidades com nomes simbólicos como Tata Guerreiro, Tata Rompe-Serra, Tata Flor de Kalunga, Tata Rompe-Ponte são citados por D. João Correia Nery, na obra Os Africanos no Brasil, de Nina Rodrigues, no ano de 1900 (RODRIGUES, 2008, p. 235), ao se referir a um culto Bantu secreto chamado Cabula, no qual o sacerdote se identifica como um Embanda, com seu auxiliar Cambone, que guarda semelhanças com as outras estruturas Bantu, como o Candomblé Kongo-Angola ou Candomblé de Caboclo, no qual Caboclos se apresentam com nomes simbólicos, como Caboclo da Pedra Preta, Caboclo da Lage, Caboclo Rompe-Mato, Caboclo Rompe-Serra, Caboclo Beira-Mar, o mesmo que podemos identificar nas Macumbas, Umbandas e Kimbandas de origem Bantu Angola-Kongo-Cabinda no Rio de Janeiro.

Exu e Pombagira são as entidades mais ligadas à raiz negra africana bantu, com sua liberdade não normativa, de comportamento não moralista cristão, que doutrinam e domesticam os corpos. Ali identificamos nomes simbólicos que nos remetem a Tata Caveira, Tata Kalunga, Tata Mulambo, Tranca-Ruas, Tranca-Tudo, Tranca-Rios, Pedra Preta, Sete Ossos entre outros que nos remetem à Encruzilhada e sua importância na comunicação entre mundos.

No dia 15 de novembro de 1908, incorporado em Zélio de Moraes, ao ser questionado sobre seu nome, o Caboclo responde: "Me chame Caboclo das Sete Encruzilhadas, pois não haverá caminhos fechados para mim".

Segundo Luiz Antônio Simas, em *Umbandas – uma história do Brasil*, a identidade do Caboclo das Sete Encruzilhadas:

"Além de fazer referência a um padre jesuíta (Malagrida), que se amálgama a um espírito indígena brasileiro, o relato insinua, no nome do Caboclo (das Sete Encruzilhadas), uma ligação forte com a cultura dos congos, especialmente em relação à evocação das encruzilhadas pela entidade. É na cultura dos congos que as encruzilhadas, sobretudo em formato de cruz, adquirem com maior ênfase o papel de lugar por excelência das dinâmicas espirituais, do tempo da vida e da morte." (SIMAS, 2021, p. 100)

Dessa forma a Encruzilhada está no centro ritual ou espiritual das tradições afro-brasileiras, em especial das Macumbas, Quimbandas e Umbandas, não apenas com Exus e Pombagiras das Encruzilhadas, mas também com o Caboclo das Sete Encruzilhadas anunciando uma espiritualidade em que todos poderiam se manifestar, e que décadas após se identificaria Umbanda, uma encruzilhada entre o Espiritismo, Macumba, Toré e Catolicismo.

A Umbanda em todas as suas vertentes e pluralismos é, em si, uma Encruzilhada de encontros, amálgamas e encantamentos.

A Encruzilhada se insere na potência de encantar mundos por meio de saberes cruzados, em que um não anula outro; isso tem a ver com as visões de mundo pluriversais africano, que milongam valores, somam e multiplicam culturas, sem subtrair ou converter.

São muitas as perspectivas das encruzilhadas, entre caminhos que se cruzam, escolhas a se fazer, olhar para o centro e realidades cruzadas de encantamentos cuspidos, cantados, rezados, despachados, fumados, tocados e arriados nas encruzilhadas da vida.

De Pambunijila à Pombagira

Exu é o nome de um Orixá (Exu), divindade da cultura Nagô de língua Iorubá.

Pombagira é variante do nome de um Inquice (Pambunijila), divindade da cultura Bantu, na qual se destaca principalmente a língua quicongo e quimbundo, de origem no Congo e Angola com um tronco linguístico e cultural que permeia toda aquela região.

Podemos encontrar as variações Mpambu Njila, Mpambu Nizila, Pambujila, Pambunijila, Pombogira ou Bombogira como sinônimos de Pombagira.

Na Umbanda, espíritos humanos reencarnantes masculinos, que identificamos como guardiões, protetores, esquerda, compadres, sentinelas, assumiram para si a identidade do nome de um Deus, ou divindade, negro-africano-nagô-iorubá, Orixá Exu.

Da mesma forma, na Umbanda, espíritos humanos femininos reencarnantes, que identificamos como guardiãs, protetoras, esquerda, comadres, sentinela, assumiram para si a identidade do nome Pombagira, de um Deus/Deusa, ou divindade, negra-africana-bantu-congo-angola, o Inquice Bombogira ou Pambunijila.

A Umbanda reza para muitos Orixás, muitas entidades e apenas um único Inquice Bombogira, o que se explica pelo contexto histórico de formação da Umbanda no Rio de Janeiro.

Inquice Bombogira ou Pambunijila se firmou como par de seu análogo iorubá, Orixá Exu, ele masculino, ela feminina, formando um par de poderes encantadores para uns e assustadores para outros; no geral, seus mistérios continuam ocultos ou velados para a grande maioria que recorre a ela/ele.

Exu é conhecido por ser o maior e mais poderoso dos Orixás, atuando em todas as questões possíveis, impossíveis, imaginadas e inimaginadas.

Pombagira, ao se assentar junto de Exu, representa o mesmo poder do temido e respeitado Orixá das Encruzilhadas do Mundo. Todos os primeiros textos escritos citam essa parceria, na qual tudo o que se fala sobre Exu vale para Pombagira. Isso revela a parceria, mas oculta o mistério único de Pombagira.

O Inquice Bombogira foi por muito tempo desconhecido nos meios umbandistas; a grande maioria dos praticantes e escritores umbandistas, de todas as épocas e lugares, desconhece a origem do nome Pombagira, e eles nem desconfiam que poderia ter alguma relação com uma divindade Inquice Angola-Kongo.

A popularidade dos Orixás e da cultura Nagô-Iorubá invisibiliza muitos saberes e conhecimentos sobre os Inquices, Voduns e suas culturas Bantu ou Gêge. A cultura e a arte brasileira reverenciam os Orixás de tal forma que todos já ouviram falar de Oxum, Iansã, Iemanjá, Ogum, Xangô, Oxalá, Obaluaiê, Oxóssi e Exu. Estão presentes na literatura de Jorge Amado, nas fotos de Pierre Verger, na lagoa do Abaeté e na voz consagrada de Maria Bethânia, Caetano Veloso, Gilberto Gil, Gal Costa, Martinho da Vila ou da saudosa Clara Nunes.

As escolas de samba do Rio de Janeiro que nascem a partir das comunidades de terreiros, como de Tia Ciata, reverenciam os Orixás, assim como é muito familiar os grandes terreiros Nagô da Bahia, como Casa Branca, Cantois e Ilê Axé Opo Afonjá, das eternas e saudosas Iya Nassô, Mãe Menininha, Mãe Senhora e Mãe Stela.

Quando se fala em Inquice é muito comum um estranhamento, poucos conhecem a história dos grandes Candomblés Angola-Congo ou Candomblés de Caboclo na Bahia, da Cabula no Espírito Santo ou da Macumba e Quimbanda no Rio de Janeiro.

Também é de grande importância a cultura Jeje, Tambor de Mina, ou Candomblé Jeje, de língua fon das divindades negro-africanas Voduns, onde se destaca Elegbara, Legba ou Lebara, que correspondem ao Orixá Exu e ao Inquice Pambunijila.

Também há Candomblés Jeje-Nagô que cultuam Voduns e Orixás de uma forma milongada (misturada ou sincretizada), como diriam na fala dos Congo-Angola ao cruzar Inquice-Orixá

Há milhares de deuses, deusas, divindades, encantados, entidades e espíritos nas culturas negro-africanas. Os iorubás consideram que existem centenas de Orixás, alguns conhecidos, outros desconhecidos e muitos esquecidos ou apagados por outras culturas. Vamos recapitular:

Orixás são deuses ou divindades da cultura nagô de língua Iorubá, com origem na Nigéria e parte do Benin (antigo Daomé).

Voduns são deuses ou divindades da cultura de língua fon, que ocupam parte do Benin (Daomé).

Inquices são deuses ou divindades da cultura bantu de várias línguas, como o quimbundo falado em Angola e o kicongo falado no Kongo.

Com a diáspora africana chegam ao Brasil, principalmente escravizados desses três grandes grupos, trazendo Inquices, Voduns e Orixás que se encontram e desencontram por meio de sincretismos, cultos e rituais.

Um Inquice vai ao encontro do Vodum ou Orixá com o qual se identifica. Isso não depende de aprovação ou validação dos olhares externos a essa experiência, acontece por força e determinação espiritual ou cultural.

O Inquice Pambunzila, Pambunijila, Pambujila, Pombojila ou Bombojila tem qualidades análogas ao Orixá Exu e ao Vodum Elegbara, assim como os Inquices Mavambo e Aluvaiá.

Não existe ritual puro, todas as culturas se encontram e desencontram, e assim nascem outras culturas, novos cultos e variações de uma mesma espiritualidade em formatos diferentes.

Há uma pluriversalidade de cultos e ritos aos Orixás, como religiões ou espiritualidades diversas no imenso território Iorubá, o mesmo se dá para culto a Voduns e Inquices. Quando falamos em diáspora para as três Américas, a pluralidade africana ganha uma infinidade de cultos, ritos, espiritualidades e religiões que se amalgamam, cruzam-se, sincretizam e absorvem valores e símbolos umas das outras.

O culto de vodum no Haiti faz surgir o Voodoo; nos Estados Unidos, além do Vodu haitiano, há o Hodu; no Brasil, faz surgir o Tambor de Mina, o culto de Orixá faz surgir a Santeria cubana ou o Candomblé brasileiro, assim como Regla Conga corresponde a uma Macumba brasileira; ou mesmo o Culto de Maria Lionça, na Venezuela, é algo tão sincrético quanto a Umbanda, sem mencionar Candomblé de Caboclo ou pormenores da Cabula e Calundus antepassados da Umbanda e do Candomblé.

A Umbanda é uma dessas espiritualidades e religiões cruzadas com diversas culturas africanas, europeias e ameríndias. A própria Umbanda possui idiossincrasias complexas e diversidades de cultos e entendimentos que a torna plural, definida por umbandas. Esse fenômeno é natural para religiões e espiritualidades; o mesmo se dá com budismos, cristianismos e judaísmos por exemplo.

Podemos pensar Umbanda Carioca, Umbanda Paulista, Umbanda Catarinense, Umbanda Gaúcha, Umbanda Pernambucana, Umbanda Piauiense, Umbanda Maranhense, Umbanda de Codó, Umbanda Capixaba e outras com suas influências regionais. Além das diferenças doutrinárias que surgem a partir de Umbanda Branca, Umbanda Negra, Umbanda Esotérica, Umbanda Omolocô, Umbanda de Almas e Angola, Umbanda Mista, Umbanda Trançada, Umbanda Popular, Umbanda Cristã, Umbanda Cabocla, Umbanda Sagrada, Umbandaime, Espiritismo de Umbanda, Umbandek, etc.

Podemos ir mais longe no tempo e pensar, por exemplo, como eram os cultos aos Orixás, Inquices e Voduns séculos atrás, antes da colonização e imposição do patriarcado e como é hoje, na África e no Brasil.

Dessa forma a Pambu Nizila ou Bombogira, por meio de muitos atravessamentos e encruzilhadas passadas, se torna a Pombagira de Umbanda.

De Exu à Exua

Nas literaturas antigas de Umbanda se falava muito de Exu Pombagira, como Exu Mulher; a construção faz parecer que Pombagira seria uma qualidade de Exu, como uma "costela de Exu". Muitos autores pensam Pombagira independente de Exu, como forças que se complementam em igual poder para o masculino e o feminino. A ideia de haver um Exu Mulher parecia vir desse lugar, no entanto, pesquisas e publicações recentes falam de Exu estar além do gênero, ser agênero; dessa forma, poderia se manifestar tanto para masculino quanto para feminino. Esse seria um outro lugar que se identifica muito com o termo Exua, uma Exu Mulher a qual terá alguma sintonia com Pombagira, porém, são tão diferentes quanto a entidade Exu e o Orixá Exu; ainda assim, creio, uma dá força e sentido de existir à outra.

Segundo a socióloga nigeriana Oyèrónké Oyewùmí, no título A Invenção das Mulheres, houve um tempo em que os Orixás não tinham gênero, alguns transitavam em ambos os gêneros, outros podiam ter gênero, mas não era uma questão que fizesse tanta diferença em seu culto se fosse feminino ou masculino.

Olorum não tem gênero, associar ao Pai do Céu ou Dono do Céu é um olhar judaico-cristão que busca em Olorum o Papai do Céu cristão, o mesmo que está na Bíblia, apenas com outro nome. Olorum não é o Deus cristão, Pai do Céu, mas pode ser também para quem interpreta e reinterpreta a partir de sua visão particular, ou mesmo um olhar popular, destituído de uma fundamentação ou um argumento ancestral, tem seu valor no núcleo em que se desdobra.

Se uma mãe fala para uma filha que Olorum é Deus, isso é uma verdade para uma criança, mas ela pode crescer e mudar de opinião, pode crer que Olorum é Deusa, muito distante do Deus cristão, ou pode passar a crer que Olorum, Obatalá e Orumilá são a santíssima trindade católica: Pai, Filho e Espírito Santo.

Nós não controlamos as associações, cruzamentos, sincretismos, amalgamas de Deuses. Tudo isso acontece por força espiritual, cultural, natural, adaptativa, associativa na criação de novas realidades que acomodem todos os valores e símbolos com seus significados, que podem variar no tempo e no espaço.

Para muitos Olorum que não tem gênero, Ele manifesta sua polaridade de gênero por meio de Oxalá, no aspecto masculino da criação, e Odudua, no feminino da criação; ele responsável pelo Orum e ela pelo Ayê, juntos formam a cabaça da criação Igbadu.

Para muitos, Exu antecede a criação de Oxalá e Odudua; portanto, ainda não havia separação de gênero em sua criação. Exu não tem gênero ou ele tem os dois gêneros. Pode parecer um absurdo ou uma heresia para todos que têm tanta certeza da masculinidade de Exu, e seu símbolo exclusivamente fálico, com seu porrete ogó, flauta e cachimbo nas mãos. Olokun é feminina para uns e masculina para outros, assim como Oxumaré e Logunedé são metade masculino e metade feminino, alternando no tempo e no espaço.

Divindades que transcendem a identidade de gênero, masculino ou feminino, estão para além das limitações impostas pelo modelo heteronormativo.

Deus é Deuso e Deusa ao mesmo tempo, está além da limitação de gênero. No entanto, a cultura machista patriarcal afirma que Deus é exclusivamente Pai, negando o aspecto Mãe.

Segundo Oyèrónké, Exu pertence a um culto tão antigo, no qual em sua origem negro-africana-iorubá, a questão de gênero não era uma preocupação, Exu estava além desse debate e ocupava um lugar agênero ou de ambos os gêneros, masculino e feminino, podendo transitar entre os dois ou além da identidade de gênero.

A doutora em Ciências da Religião, jornalista, sacerdotisa de Umbanda, mulher preta do samba e iniciada no Candomblé, Claudia Alexandre, em seu livro e tese de mestrado, *Orixás no Terreiro Sagrado do Samba*, cita Pai Francisco da Oxum, explicando que ele oferenda Exu e Exua na encruzilhada. Ao ser questionado sobre quem é Exua, Pai Francisco explica que Exua é o feminino de Exu.

Segundo Pai Francisco, "Exu é vida, minha filha, não existe vida sem o homem e a mulher. Candomblé tem Exua, não interessa se é marido e esposa ou companheiro e companheira, onde tem rei, tem rainha". (p. 35)

Em sua outra tese de doutorado, Dra. Claudia Alexandre, com o tema "Exu Feminino e o Matriarcado Nagô", nos fala sobre imagens de "Exu de Saia" e o quanto o culto a ela permanece oculto, secreto ou discreto o suficiente para não aparecer, como resultado de uma relação machista com o mistério Exu.

Claudia Alexandre, em sua tese de doutorado, aprofunda-se nas origens literárias de vários autores, passando da demonização de Exu ao caráter fálico e masculino, na construção de uma identidade machista patriarcal de Exu. Ao mesmo tempo situa várias referências de sacerdotisas de Exu, a força dos matriarcados nas tradições afro-brasileiras, que se desenvolvem ocultando algo de feminino que existe em Exu. Há muitas referências de Exu Feminino que passam despercebidas ou são ocultadas; a autora se deu conta desse fato ao visitar uma exposição sobre Exu, na qual encontrou imagens de "Exu de Saia", Exu Feminino, guardadas longe dos olhares de visitantes.

A ambiguidade de Exu está para além do bem e do mal, Exu está além do gênero, ele antecede a questão de gênero, é um Deus ou Divindade agênero. Ainda assim, seu poder é rapidamente associado a algo masculino e apropriado pela cultura ocidental patriarcal, ora como demônio, ora como deidade, simbolizado pelo falo, seu ogó, que oculta o mistério feminino, o qual ele também possui. Na África, não são incomuns imagens que retratam um Exu Masculino fazendo par com um Exu Feminino. Essas construções fazem parte do universo Nagô-Iorubá, onde tem origem o culto de Exu.

Em tradições como a Umbanda, a figura de Pombagira ocupou o lugar de Exu Feminino e assim parece resolver a equação; no entanto, Pombagira não é o mesmo que Exu Feminino, embora quando se fala em Exu Feminino a primeira ideia que vem à cabeça da maioria das pessoas é Pombagira. Porém, a rainha das encruzilhadas tem origem bantu, de Pambu Nizila ou Bombogira; reconhecer um Exu Feminino na cultura Iorubá ainda é algo novo para muitas pessoas, inclusive dentro da tradição afro-brasileira. Olhar para a questão de gênero no culto aos Orixás é algo novo ainda, em que olhares como os de Oyèrónké Oyewùmí e Claudia Alexandre ajudam muito para uma compreensão maior, que vai além de todo patriarcado estrutural que nos atravessa sem que nos demos conta. Coloco a seguir algumas palavras da tese da Dra. Claudia Alexandre que chamaram atenção na minha leitura:

"Exu é tido como o mais poderoso orixá do panteão afro-brasileiro, sendo fundamental para a comunicação entre os deuses e os homens e as mulheres. É o responsável por controlar a relação entre os seres do orùn (cosmos) e aiyê (terra), garantindo o equilíbrio com as ordens do criador da vida, o supremo Olorùn-Olodumaré. Ao criar Exu, Olodumaré teria lhe constituído com os princípios masculino e feminino, com controle sobre eles, um poder que não foi concedido a nenhuma outra divindade. (p. 17)

Chama atenção o fato da figura feminina não ter sido introduzida nas representações do orixá construídas nos candomblés nagôs. Por aqui, qualquer símbolo feminino que remetesse a Exu foi relacionado à Pombagira, divindade que se popularizou nas Umbandas, mas também no Candomblé Congo-Angola. (p. 18)

Minha experiência anterior relacionada à representação de um Exu Feminino aconteceu na cidade de Salvador (BA). Em 18 de junho de 2018 me deparei com duas representações, que me foram apresentadas como "Exu de Saia". As estatuetas estão sob a guarda da reserva técnica do Museu Afro-Brasileiro da Universidade Federal da Bahia, o MAFRO/UFBA, que funciona no prédio da Faculdade de Medicina, no Centro Histórico.

Fui até lá para uma visita à segunda montagem da Exposição Exu Outras Faces, que eu já tinha visitado em 2014. Voltei porque me fascinou ver aquele espaço suntuoso ser ocupado por diversas narrativas sobre o orixá mais controverso do panteão africano. O evento promovia um diálogo entre o passado e o presente, com peças remetendo aos símbolos fálicos de Exu e mensagens que buscavam uma reparação à imagem demonizada do orixá. Tudo que estava à vista explicitava o lugar de proeminência, poder e masculinidade de Exu.

No entanto, qual não foi a minha surpresa ao final da visita, ter sido convidada para conhecer o espaço anexo da área expositiva. Um corredor ao fundo, transformado em sala para o trabalho dos técnicos da Reserva Técnica e Restauração de peças do museu, onde também ficam estantes, compartimentos e câmaras para a guarda de peças e objetos do acervo. Sabendo do meu interesse sobre a exposição e sobre o assunto, a gestora do museu, Dra. Graça Teixeira, pediu para que me apresentassem as duas estatuetas.

As 'Exu de Saia' pertencem à Coleção Estácio de Lima do Museu da Polícia do Estado da Bahia, que desde 2010 estão sob a guarda do MAFRO/UFBA".

A partir daí, Claudia iniciou uma busca sobre o Feminino de Exu ou Exu Feminino que a levou a encontrar muitas evidências entre África e Brasil, por meio de muitos autores e registros. Inclusive, para sua surpresa, no terreiro onde foi iniciado seu pai carnal, e que agora ela também se inicia, em 9 de fevereiro de 2020, tomou conhecimento de que ali naquele terreiro tradicional do culto Gêge-Nagô, "Terreiro Odogô Dey, há um Exu Feminino. Ele pertenceu à Porfíria de Ogum", fundadora desse templo em Cachoeira, no Recôncavo Baiano. Ali, em conversa com Pai Theodoro de Jesus, ao falar dos desafios em busca de Exu Feminino, foi informada de que há na casa um assentamento de Exu Feminino de nome Colodina, feito pela fundadora do terreiro, Mãe Porfíria de Ogum. Imaginamos a surpresa e as sincronicidades que aparecem no estudo da Dra. Claudia Alexandre, como se Exu Mulher incorporasse nela em busca de evidências da própria existência. Muita gratidão por nos proporcionar esse estudo!

Migração de Deuses

Não são fenômenos isolados, Deuses voduns como Nanã Buruquê, Obaluaiê e Oxumaré se tornam Orixás, assim como Inquices sincretizam lendas de Orixás e alguns Orixás se tornam Voduns, como Ogum que se torna Gu, ou Ifá que se torna Fá. O grande Vodum Elegbara se torna epíteto do grande Orixá Exu. Olokun se torna Iemanjá Olokun, Aganju se torna Xangô Aganju, assim como Ayrá se torna Xangô Ayrá.

Temos muito a aprender sobre a migração de Deuses de uma cultura para outra. Aprender que Deuses têm vida própria. Assim como um rabi judeu, Yashua, se tornou Jesus Cristo, a segunda pessoa da trindade, para romanos católicos que dominam parte do Ocidente.

Muitos Deuses e Deusas se tornaram santos, como Úrsula para Santa Úrsula, Bridge se torna Santa Brígida, Kali se torna Santa Sara Kali, Vitória – Nossa Senhora das Vitórias, etc.

No Voodoo surge Papa Legba, o avô de todos os Exus, assim como na Santeria Cubana surge Eleguá, a criança de Olodumaré, Exu criança sincretizado com Menino Jesus.

Na Umbanda surge também Exu Mirim, nome de Orixá iorubá com adjetivo tupi-guarani; já aparece assim na obra de Tata Tancredo, Doutrina e Ritual de Umbanda, 1951, mesma data em que aparece na obra Exu, de Aluizio Fontenelle.

Poderíamos crer que surge por aí o sincretismo de um Inquice Pambunzila com o feminino de Exu, assentando-se como Guardiã na espiritualidade de Umbanda, a qual se apresentará em muitas vertentes contraditórias da própria Umbanda.

A grafia do nome Pombagira vem mais de longe, assim como seus sincretismos afro-brasileiros, no livro de João do Rio, As Religiões do Rio, 1904, p. 39, aparece Pombagira nesta frase:

"Orixalá é Ganga-zumba; Obaluaci, Cangira-mungongo; Exu, Cubango; Orixá-Oco, Pombagira; Oxum, a Mãe d'água, Sinhá Renga; Xapanã, Cargamella. E não é só aos santos dos Orixás que os cabindas mudam o nome, é também aos santos das igrejas. Assim São Benedito é chamado Lingongo; Santo Antônio, Verequete; Nossa Sra. das Dores, Sinhá Samba."

Nessa passagem o guia de João do Rio está explicando que os negros e negras cabindas têm o costume de sincretizar Inquices com Orixás e Santos. Pombagira aparece sincretizada com Ocô, que é Orixá das Árvores e dá nome ao culto Omolocô, que quer dizer os filhos (omô) de Ocô.

Cabindas têm uma origem cultural Bantu, assim como Kongo e Angola. Nessa cultura se entende que, ao absorver os outros Deuses, você passa a ter mais força, mais mooyo, a força vital.

No livro Filosofias Africanas, de Nei Lopes e Luiz Antonio Simas, é falado um pouco de cada cultura africana;

ao citar a cultura e a filosofia do Kongo, podemos ler à página 85:

"Todos os povos têm seu mooyo. Portanto, incorporar símbolos, ritos, crenças e valores de outros povos pode significar aumento de nosso próprio mooyo. Quando escolhemos esse caminho, não precisamos abandonar nossas crenças originais".

Essa forma de pensar permeia a Macumba Carioca, que antecede a organização da Umbanda enquanto religião nascente no Rio de Janeiro. Pombagira já havia se estabelecido na Macumba, com sua raiz sincrética entre Inquices e Orixás. Parte da Macumba passou a se identificar como Umbanda Negra, Umbanda Omolocô, Umbanda Trançada, Umbanda Mista, Umbanda de Almas e Angola, Umbanda Bantu Ameríndia e outra parte da Macumba, que não sucumbiu à moralidade repressora cristã ocidental, assumiu a identidade Kimbanda, onde Exu e Pombagira reinam absolutos contra o moralismo, que não soube aceitar ou compreender a humanidade liberta e libertadora de Exu e Pombagira.

Os Bantus foram os primeiros escravizados a chegar por aqui, num primeiro momento em que o contato com indígenas era muito próximo.

Ao chegar entenderam o indígena como dono da terra, que passa a ser reverenciado nos Candomblés de Caboclo e Candomblés Kongo-Angola como Caboclo, exatamente o que vai acontecer na Macumba do Rio de Janeiro e permanecer até que boa parte da Macumba se torne Umbanda Negra (Umbanda Omolocô, Umbanda Almas e Angola, Umbanda Bantu Ameríndio, Umbanda Mista, Umbanda Trançada) e a outra parte assuma a identidade Quimbanda.

O Caboclo também se manifesta nas mesas espíritas e pede um ritual só para ele e todos os seus, situação que se repete em muitas sessões espíritas pelo Brasil afora, mas que tem na figura de Zélio de Moraes e do Caboclo das Sete Encruzilhadas um modelo, primeiro, em 1908, do que mais tarde passou a se repetir na grande migração de espíritas para um Espiritismo de Linha, Espiritismo Umbanda, Umbanda Branca ou simplesmente Umbanda.

Observe que embora haja muitas variações de religiões e Umbandas, existe uma única espiritualidade que atravessa a todas. Para além de significados, explicações e vertentes de Umbandas, em todas se observa Caboclo, Exu, Pombagira, Preto-Velho, Criança e Orixás adaptando-se à visão de mundo de cada grupo.

Rubens Saraceni afirma que "Umbanda traz em si energia divina viva e atuante a qual nos sintonizamos a partir de nossas vibrações mentais, racionais e emocionais, energias estas que se amoldam segundo nosso entendimento de mundo." (SARACENI 1995, p. 10 e SARACENI 2001, p. 140)

Quantos médiuns chegaram à Umbanda porque foram a uma sessão espírita e lá baixou Exu ou Caboclo, e então o doutrinador explica que ali não é lugar para ele, teria de procurar um outro lugar ou se manifestar por conta própria na casa de seu médium. Quantos terreiros de Umbanda começaram assim?

Eu mesmo conheci muitos terreiros que iniciaram grupos independentes a partir de situações como essa. Meu amigo, irmão, Mestre Rubens Saraceni incorporou Exu Cascavel em uma sessão espírita, da qual foi convidado a não participar mais; então, por conta dessa situação, procurou parentes que trabalhavam a Umbanda, iniciando um trabalho solo, em família.

Por isso a identificação com a história do Zélio é tão grande, e maior ainda em São Paulo, onde se teve um grande crescimento da Umbanda nos últimos 30 anos a partir de médiuns vindos do Espiritismo.

Boa parte da Umbanda, especialmente a ala mais espírita, católica e branca de classe média, já vinha de um berço muito moralista que impedia a presença incisiva de Exu e Pombagira nas sessões abertas de atendimento. A outra ala da Umbanda mais negra, liberta, africana, popular, passou a recebê-la em dias fechados junto dos Exus, apenas para descarregar energias negativas e o emocional dos médiuns. Exu e Pombagira são desrepressores, sua presença é uma cura contra Patriarcado, Colonialismo, Machismo, Misoginia, Preconceito, Repressão, Opressão, etc.

Eram raríssimos terreiros receberem Exu e Pombagira em giras abertas ao público, muitos se orgulhavam em não trabalhar com esquerda ou Quimbanda. Uma parte da Umbanda passou a perseguir a Quimbanda acusando esta de praticar "Magia Negra", não apenas como Magia do Negro, mas como sinônimo de Magia Negativa, do mal, e Umbanda como Magia Branca, positiva, do bem.

A tudo isso Pombagira assistiu e ela esperou seu momento de entrar na Umbanda com tudo o que tem direito; aos poucos foi chegando, ganhando o lugar de Protetoras e Guardiãs, até que, em 1995, ao ser publicado o livro O Guardião da Meia-Noite, romanceado e psicografado por Rubens Saraceni, Exus e Pombagiras foram entendidos e explicados em sua função de Guardiões e Guardiãs atuando em nome e sob orientação dos Orixás. O Guardião da Meia Noite se tornou, rapidamente, o livro mais lido entre umbandistas, e com a mesma velocidade surgiram as giras abertas de atendimento com Exus e Pombagiras.

A Rainha da Quimbanda, Rainha da Macumba, Rainha do Cabaré, dá uma cusparada de sua champanhe na rua, solta uma baforada de sua cigarrilha, atira três rosas vermelhas e oferece tudo à Deusa Inquice Bombogira (Pambunijila), empodera-se na força dela e diz: "eu sou a Pombogira, eu sou Mulher, eu sou Maria". E sempre que uma mulher livre e empoderada chega incorporada, rindo na Umbanda, não há dúvidas de que é uma das filhas de Pambunijila, é uma Pombagira.

Pombagira na Literatura Umbandista

A literatura umbandista muitas vezes repetiu valores machistas, patriarcais, judaico-cristãos, reproduzindo a desclassificação, degradação, desmoralização e demonização de Pombagira a partir de dentro.

Em 1941, a obra de Lourenço Braga, Umbanda e Quimbanda, é apresentada no Primeiro Congresso Brasileiro do Espiritismo de Umbanda. Embora não apareça nos anais do congresso, publicado ano seguinte, o autor publica esse título e apresenta um primeiro ensaio de Sete Linhas de Umbanda e Sete Linhas de Quimbanda, no qual aparece "Pomba Gira" como "Mulher de Sete Exus", entre os nomes de Exus, e nada mais se fala sobre ela.

Em 1951, dois autores falam sobre Pombagira: Tata Tancredo da Silva Pinto, em parceria com Byron Torres de Freitas, no título Doutrina e Ritual de Umbanda, e Aluizio Fontenelle no livro Exu.

Na obra Doutrina e Ritual de Umbanda, 1951, Tancredo da Silva Pinto afirma: "A representação feminina de Exu é a Pombagira"; "Na falange de Pombagira, Exu feminino, a chefe é Curiê. Os Exus femininos servem às falanges de Orixás femininos, como Oxum, Yemanjá, Iansan etc.". (p. 107)

No mesmo livro, de Tata Tancredo, há uma tabela que apresenta uma lista de Orixás e, entre eles, está "Exu e Pombagira" (p. 151).

Embora não traga mais entendimentos neste livro em específico, fica evidente o lugar de Orixá que ocupa Pombagira junto de Exu: inseparáveis na definição de um e outro, como duas partes de um todo que se integra com o masculino Exu e a feminina Pombagira.

Tata Tancredo dá especial importância ao casal de Orixás Exu e Orixá Pombagira na obra Origens da Umbanda, 1970, na qual juntos Exu e Pombagira estão presentes na Gênese de criação da Terra (Paranga) e da humanidade que a habita, no capítulo "FORMAÇÃO DO PARANGA". Veja a seguir a transcrição de parte do texto para nossa apreciação:

"Quando da criação do Planeta, houve por bem Zambi Opongô e Zambira Iaponga de convocar, para uma reunião no seu palácio, Exu e Pomba Gira, para que esses Orixás pudessem contar as boas-novas do novo planeta. Instados a se pronunciarem, Exu e Pomba Gira não se fizeram de rogados. Contaram à Cadeia de Zambi que era necessário que os espíritos que na Terra vagavam sem forma e sem se conhecerem como simples espirais de fumaça expiassem os seus débitos materializados, já que como dissemos acima, não passavam de simples espirais de fumaça sem conhecerem e sem saber os resultados de seus castigos.

Inteligentemente Exu e Pomba Gira sugeriram que cada um dos espíritos da Natureza, isto é, os Orixás que são estacionários, tivessem um pouco mais de paciência e fornecessem os elementos químicos e os alimentos para esses espíritos, ficando ele Exu e Pomba Gira com a responsabilidade de arrebanharem em outros planetas espíritos também castigados, e trazê-los para a Terra e se juntarem aos que já se encontravam aqui. Após muita delonga resolveu a Cadeia de Zambi aceitar a sugestão de Exu e Pomba Gira, ficando, no entanto, cada Orixá presente com a preocupação da devolução dos elementos químicos e os alimentos, pois, como é entendido por nós, de onde se tira e não se põe esgotam-se as reservas. Sugeriu Omolu nova reunião para posterior deliberação.

Houve nova reunião e depois de muita discussão acerca do plano de Exu e Pomba Gira ficou assentado e consentido que isso seria feito, faltando, no entanto, saber como poderiam eles resgatar os elementos químicos e os alimentos. Diante de tão grave preocupação, Olodum, que assistia calado, resolveu se pronunciar e o fez de maneira inteligente, dizendo a todos os presentes que não se preocupassem, pois ele devolveria os alimentos e as essências químicas. Com o pronunciamento de Olodum, ficaram todos calmos e descansados e imediatamente aprovaram a ideia de Exu e Pomba Gira. Recebendo esta incumbência, partiram Exu e Pomba Gira em busca de novas camadas de espíritos em outros planetas. Em lá chegando enganaram, como lhes é próprio, com promessas de rápidos resgates de débitos espirituais. Disseram que a Terra era o lugar ideal para todos, um verdadeiro paraíso. Eles podiam acompanhá-los, pois não se arrependeriam. Iludidos com Exu e Pomba Gira e acreditando ser a Terra realmente um paraíso, embarcaram eles nos dragões voadores de Exu e Pomba Gira e rumaram imediatamente para a Terra. Quanta decepção e desilusão. Quantas lágrimas derramadas. Aqui chegando, deu-se o fenômeno da materialização e puderam enxergar e sentir, já agora na própria carne, pois receberam as essências químicas e as formas humanas – espetáculos tão deprimentes como crimes de todas as espécies e coisas que sinceramente nos enojam como taras e fobias que se manifestam nos infelizes. O Orixá Tempo teve a missão de transportar os bons e os maus e muito ajudou a trazer essas camadas inferiores, e que até hoje, por fim, não só se amoldaram como se aperfeiçoaram. Isto meus malungos, temos conseguido, haja vista o progresso que aí está e que jamais poderá ser contestado. Somos, por conseguinte, espíritos evolutivos e como tal devemos nos comportar e nos educar para vidas futuras e voltarmos um dia, quem sabe, ao nosso sistema de origem com a graça e a infinita sabedoria de Zambi Opongô e Zambira Iaponga e toda a sua Cadeia. Cremos, amigos e malungos, que a nossa fé tem base sólida, pois o negro nesta leva agiu juntamente no continente que mais se assemelha, ou seja, a África, e o branco na Europa, etc.

Para finalizar, meus irmãos e malungos, devemos cada vez mais nos amoldar para estar preparados para o progresso, que cremos será breve. Devemos ainda, caros malungos, entender que Omolu é o encarregado da vida e da morte e Olodum o encarregado de devolver aos espíritos da Natureza os restos mortais, pois conhecemos como restos mortais os restos de Omolu e as essências químicas, em forma de fogo ativo. Todos nós do culto Omolocô sabemos respeitar, pois esses fenômenos são a ligação e o sinal de Olodum com os demais Orixás, cumprindo ele com respeito o trato feito na reunião do Palácio de Zambi Opongô e Zambira Iaponga. Magungos, por essa razão ficaram Exu e Pomba Gira como agentes mágicos Universais, e até hoje intermediários entre os homens e os Orixás. Não queiram mal a Exu e Pomba Gira, pois nunca é demais lembrar que independentemente de nossa vontade está a vontade de Zambi Opongô, e a reunião foi realizada em sua morada. Esta foi apenas mais uma explicação da fé e crença no Culto do Omolocô (que me permitam o orgulho sem ferir aos demais). O Omolocô é tão sublime que falar sobre ele é o mesmo que discorrer sobre uma bela visão". (TANCREDO, 1970, p. 60-62)

Tata Tancredo traz uma lenda, um mito, em que o Deus dos Bantu-Angola-Congo aparece em duas versões, Deus e Deusa, Zambi e Zambira relacionando-se com os Orixás iorubás em uma sintonia que os coloca no lugar dos Inquices ou coloca Zambi/Zambira no lugar de Olorum. Não encontrei nenhuma outra referência a essa lenda em minhas fontes de pesquisa da Mitologia Iorubá.

Pombagira que tem origem como Inquice Pambunijila não se mistura com Orixás nos Candomblés mais tradicionais da cultura Nagô; no entanto, é muito possível a cultura de Inquice receber os Orixás.

A visão de Tata Tancredo está de acordo com as definições de Macumba, pelo fato de haver vários autores que entendem Macumba como estrutura de origem Bantu incluindo os Orixás no mesmo lugar onde estão os Inquices, fazendo uma leitura de Orixá-Inquice a qual explica Orixá a partir do entendimento Angola-Congo de mundo, com seus Deuses Inquices. Ao absorver Orixá não se perde os valores Bantus de como se relacionar com os Deuses, não apenas com seus Deuses Inquice, e sim com todos os Deuses, inclusive os de outras culturas, incluindo Orixás,

Santos, Anjos e Voduns que se sincretizam, amalgamam, cruzam em novos entendimentos construídos de formas pluriversas, o que define uma visão de mundo pluriverso.

Mongobe Ramose define pluriverso:

"Deve-se notar que o conceito de universalidade era corrente quando a ciência entendia o cosmos como um todo dotado de um centro. Entretanto, a ciência subsequente destacou que o universo não possui um centro. Isto implicou na mudança do paradigma, culminando na concepção do cosmos como um pluriverso". (RAMOSE, 2011, p. 10; in Nogueira, 2014, p. 33)

A ideia de uma realidade pluriversal que predomina nas culturas e filosofias africanas, em especial as Bantu no Brasil, é que não existe uma única verdade universal que se aplica para explicar o todo e suas diversidades. Existem muitas verdades que se encontram, se complementam, somam e multiplicam saberes cruzados os quais não se anulam.

Renato Nogueira comenta que "o conceito de pluriversal não se opõe ao de universal; distante da lógica dicotômica – 'ou isso ou aquilo' –, a pluriversalidade nos convida a pensar usando a tática da inclusão – 'isso e aquilo'. Em outras palavras, existem vários universos culturais, não há um sistema único organizado em centro e periferias, mas um conjunto de sistemas policêntricos em que centro e periferias são contextuais, relativos e politicamente construídos."

Tata Tancredo é um símbolo da resistência negra na Umbanda e dos valores relacionados à sua matriz africana dentro de toda essa sua diversidade Bantu-Angola-Congo-Cabinda de Inquice, Iorubá-Nagô de Orixá e Jêje-Fon de

Vodum. Seus saberes e sua trajetória são marcantes para a História da Umbanda, o que o coloca em um destaque muito maior que apenas um autor de livros.

Mãe Isabel Garrido, que há mais de 50 anos, com Mãe Hebe Macedo Soares, fundou o CUMOA (Centro de Umbanda Mística Oxum Apará) em Salvador/BA, realizou uma palestra no II UMBAHIA, no Hoton Palace em Salvador; e, diga-se de passagem, a melhor de todas as palestras, em que, de forma encantadora e descontraída, aos seus 76 anos de idade, definiu o que é Umbanda para ela como uma "Colcha de Retalhos, onde cada pedacinho encontra seu lugar formando uma linda colcha que nos acolhe a todos".

Tive o privilégio de presenciar essa palestra com Mãe Bel e de abrir diálogo em Live no Instagram com ela sobre o tema "Conhecimento e Sabedoria", pela comunidade @umbandaeucurto, na qual citamos a importância da sabedoria que acolhe a todos. Conhecimentos podem nos levar a arrogância, inclusive religiosa, de nos achar superiores ao outro por se crer detentores de uma verdade ou cultura superior. Enquanto sabedoria esvazia o ego, vai ao encontro da espiritualidade que caminha na humildade e alteridade em se reconhecer no outro a partir das diferenças, desigualdades e diversidades. Ao passo que sabedoria natural sempre inclui, enquanto conhecimentos dogmáticos excluem.

O outro autor a escrever sobre Pombagira e publicar em 1951, ano de seu desencarne conforme consta no livro, é Aluizio Fontenelle, na obra Exu. Esse autor foi o primeiro a estabelecer uma relação entre os Exus de Umbanda com os demônios da Goécia, magia negativa europeia. Ele faz uma demonização de Exu e Pombagira, desde dentro da Umbanda, o que até então era novidade e vai prevalecer pelo fato de que sua obra será copiada pela maioria dos autores umbandistas que vêm após ele; no entanto, nenhum deles, posteriores, faz citação de sua fonte, o que se torna quase regra nos livros umbandistas publicados até a década de 1980.

Para que se tenha uma ideia dessa associação, cito alguns nomes de Exus e seus demônios correspondentes:

Exu Rei ou Maioral – Lúcifer,
Exu Marabô – Put Satanakia,
Exu Mór – Belzebuth,
Exu Tranca-Ruas – Tarchimache,
Exu Tiriri – Fleruth,
Exu Mangueira – Agalieraps,
Exu Rei das Sete Encruzilhadas – Aschtarot,
Exu Tata Caveira – Próculo,
Exu Mirim – Serguth,
Exu Veludo – Sagathana,
Exu Calunga – Syrah,
Exu Gira Mundo – Ségal,
Exu Morcego – Guland,
Exu Capa Preta – Musifin,
Exu Pedra Preta – Claunech,
Exu Sete Portas – Sugart,
Exu das Sete Cachoeiras – Khil,
Exu das Sete Cruzes – Merfild,
Exu Caveira – Segurlath,
Exu Meia-Noite – Hael, etc.

Exu Pombagira é a demônia Klepoth, segundo Fontenelle:

"Como não poderia deixar de acontecer, na escala hierárquica do povo de Exu, também a mulher deveria representar um papel preponderante; e assim sendo, conhece-se nas Leis de Umbanda e Quimbanda a entidade mulher, que com a denominação de 'EXU POMBAGIRA' representa a figura que na Lei de Kabala e de acordo com o pentáculo de Lúcifer, está representada como um bode com seios de mulher, possuindo todas as características do Bode de Sabat – Baphomet de Mendes, representando a arte diabólica da inveja, do ódio, da traição, etc. KLEPOTH é o verdadeiro nome de 'Exu Pombagira', a mulher de 7 Exus". (op. Cit. p. 106)

"Exu Pomba Gira, denominada na Lei de Kabbalah como Klepoth, é a entidade da magia negra que representa a maldade em figura de mulher. A sua representação perante os iniciados de Alta Magia é, como disse anteriormente, quase idêntica ao símbolo que representa a encarnação do mal, o qual é denominado 'Bode de Sabbat – Baphomet de Mendes'.

POMBA GIRA encarrega-se da vingança, pactuando com as mulheres feiticeiras contra as suas inimigas. Todos os trabalhos inerentes a casos de amor, nos quais a mulher se sente prejudicada, ou então pretende realizar qualquer união, são entregues a POMBA GIRA, e os seus resultados são de fato surpreendentes, pelo fato de possuir essa entidade um grande poder.

Não há quimbandeiro, feiticeiro ou iniciado em Magia, que não conheça perfeitamente a atuação do Exu Pomba

Gira, na escala hierárquica das falanges do poder do Mal". (p. 142-143)

Aluizio Fontenelle, com esse livro Exu, é o mais copiado de todos os autores com relação ao tema Exu e Pombagira. Suas palavras ecoam e se repetem nas páginas de outros autores, como N. A. Molina (Na Gira dos Exus e Saravá Pombagira), Antônio Alves Teixeira Neto, Antonio de Alva (O Livro dos Exus, 1967, e A Magia e os Encantos da Pomba-gira, 1970) e José Maria Bittencourt, com No Reino dos Exus.

W. W. da Matta e Silva, em seu primeiro livro publicado em 1956, *Umbanda de Todos Nós*, define Exu Pombagira como um Exu na vibração de Yemanjá, como elemento de ligação e serventia à Cabocla Yara. (1997, p. 324)

Em outro título, Segredos da Magia de Umbanda e Quimbanda, Matta e Silva afirma que "Pomba-Gira é uma Exu-Guardiã, da faixa vibratória feminina, necessária para a manipulação (ou equilíbrio) de certos fluidos passivos ou astromagnéticos, entre o polo negativo e o polo positivo de todas as coisas." (1994, p. 163)

Poderia parar por aí, no entanto Matta e Silva era ferrenho crítico de todas as outras formas de praticar Umbanda, que não fosse a sua vertente Umbanda Esotérica. Também era avesso a todas as tradições afro-brasileiras do Catimbó aos Candomblés. Partindo desse ponto de vista preconceituoso é que Da Matta afirma que:

"Maria Padilha não é e nunca foi Exu; é sim, uma maga-negra das 'linhas do catimbó'... Cuidado com ela, irmãs!

Toda médium que, por infelicidade ou por condições negativas quaisquer, tenha atraído e caído nas 'malhas' dessa entidade negra, acaba sendo 'estourada' por ela mesma, compelida as decadências morais, para os desvios do sexo ou, quando não, para o vício da embriaguez.

Essa maga-negra do 'catimbó' com sua imensa falange (do mesmo nome) vive a procurar faminta, sequiosa, por tudo quanto seja terreiro, médium-feminino vaidoso, com certas tendências, ou com certas fraquezas, que lhe forneça pontos de contato ou de atração para ficar de alcateia sobre sua faixa mediúnica, magnetizando-a pela proteção de sutis e poderosos fluidos a sua vaidade de mulher, até chegar aos estímulos neurossensuais.

Daí para se apoderar da médium, é fácil. É difícil a mulher resistir a certos estímulos a sua vaidade, pois a maga-negra descobre logo quais os seus pontos fracos que deve manipular, estimular etc. (1994, p. 161-162)

"Assim é que, de anos para cá, em quase todos os terreiros (sim, porque isso de 'Maria Padilha, Zé-Pelintra, Caboclo-Boiadeiro' e outros, é importação recente de uma corja de pretensos 'pais de santo' que vieram lá das bandas do Norte explorar a praça daqui, da cidade do Rio de Janeiro, visto terem encontrado neste nosso bom povinho a mais santa das ingenuidades...) ditos de Umbanda, certas 'médiuns' deram para 'receber', ou melhor, para 'trabalhar' com Exu Maria-Padilha".

Ao que parece, houve grande preconceito dos umbandistas no Rio de Janeiro com a migração do Nordeste para o Rio de Janeiro, trazendo consigo Catimbó com seus Mestres e Mestras da Jurema, entre eles Maria Padilha e Zé Pelintra.

Tata Tancredo, tão inclusivo e identificado com todas as vertentes afro-brasileiras, elogia o Ritual Bantu-Ameríndio como uma Linha da Jurema dedicada apenas à incorporação de pajés, caciques e caboclos que cultuam as deidades da cultura indígena Tupi-guarani (1951, p. 68). No entanto, embora adversário ideológico de Matta e Silva, concordou com este e teceu as mesmas críticas contra Zé Pelintra e o Catimbó:

"Zé Pelintra faz parte de uma legião de espíritos travessos, que penetram em recintos espiritualistas, em ocasiões de festas para levar desarmonia, usando sempre vocabulário de baixo calão, que faz enrubescer qualquer um... Como não temos, na Guanabara e no Estado do Rio, mesa de catimbó, os catimbozeiros infiltram-se na Umbanda, o que muito nos prejudica". (O Eró da Umbanda, s.d., p. 34-35)

Francisco Rivas Neto, discípulo de Matta e Silva, no título *Exu – O Grande Arcano*, endossa a visão de seu mestre e aumenta a lista de Magas Negras para "Maria Padilha, Maria Mulambo, Maria Sete Saias, Maria do Balaio" (1993, p. 97) e define:

"Então Pomba-gira não é uma mulher decaída, prostituída; ao contrário, é uma guerreira, no combate a essas mazelas que levam homens e mulheres a despenhadeiros mais profundos, com abjeção profunda da consciência." (1993, p. 227)

"Não é a verdadeira Pomba-gira que desce toda faceira, toda sensual, bem cheirosa e abrasadora. Pois se assim fosse, justificaria o adágio que diz ser Pomba-gira mulher de 7 Exus, e suas médiuns ter vida desregrada, descambando para o sexualismo nu e cru, para as uniões clandestinas, para concubinato, homossexualismo, etc. Que se acautelem todos, pois estas não são, nunca foram o valoroso Exu Pomba-gira. O Exu Pomba-gira não é mulher de Sete Exus, mas sim, dos Sete Exus Cabeças de Legião é a única Mulher. É unicamente essa a diferença!!! Que entendam como puderem os maridos, os noivos, os pais, etc. das senhoras, donzelas e senhoritas que estão por esses terreiros, 'incorporando' alguém que se passe por Pomba-gira, se apresentando como prostituta, querendo despir-se, fazendo uso abusivo do álcool, e outras coisas mais. Cuidado!" (1993, p. 229-230)

Quanto ao Catimbó ou Linha dos Mestres da Jurema é uma religião brasileira ou espiritualidade brasileira tão respeitável quanto a Umbanda, bem como é respeitado e amado o querido Zé Pelintra, assim como Maria Padilha, Maria Mulambo, Maria Sete Saias ou Maria do Balaio.

Vejamos apenas mais duas considerações neste mesmo sentido antes de tirar conclusões ou comentar tal entendimento doutrinário.

Segundo Bittencourt:

"As Pomba-giras desencarnadas são, naturalmente, as que passaram por este planeta e levaram a sua bagagem de experiência nefasta, em todos os sentidos: se foi mulher de rua, de hotéis clandestinos, ou mulher aliciadora, etc. continuará a ser a mesma coisa no astral". "As Pomba-giras encarnadas perambulam aos milhões pelo mundo, buscando o luxo e os prazeres da vida fácil." "As Pomba-giras quando desencarnam continuam sendo Pomba-giras no astral, passando a desempenhar o nefasto papel de aliciadoras de mulheres, seduzindo-as para conduzi-las ao mau caminho, exercendo grande domínio sobre suas vítimas... transformando cada vítima em nova Pomba-gira encarnada que, de repente, cai na depravação para desgosto e vergonha de seus familiares". (BITTENCOURT, 2002, p. 104-105)

Antonio de Alva, Antonio Alves Teixeira Neto, em O Livro dos Exus, afirma que "Pomba-gira trabalhando em médium homem, deixa-o por demais efeminado e, trabalhando em médium mulher, é bem possível que seja levada à prostituição." (ALVA, 1967, p. 60)

Antônio Alves Teixeira Neto, também publica A Magia e os Encantos de Pomba-gira, 1970, e repete que "trabalhar com Pomba-gira faz mulheres se prostituírem e homens se afeminarem." (NETO, 1970, p. 14)

Para conseguir uma leitura atual do mistério Pombagira com uma chave de interpretação dos textos anteriores, podemos entender que, quando se afirma que homens se afeminam ao trabalhar com Pombagira, eu só posso interpretar que:

HOMENS que recebem suas Pombagiras curam seu machismo tóxico e fazem as pazes com o seu próprio feminino, curando em si mesmos as dores e traumas desse machismo estrutural na sociedade.

MULHERES, ao receberem suas Pombagiras, empoderam-se da própria autonomia, corpo e liberdade, a ponto de ser o que quiserem ser e fazer o que quiserem com seus corpos e suas vidas, não se importando mais com opiniões machistas do patriarcado.

Por meio desses textos anteriores, escritos por umbandistas, dá para se ter uma vaga ideia do que mulheres e suas Pombagiras passaram nas últimas décadas de preconceito, machismo e patriarcado colonial dentro dos meios espiritualistas em geral e na Umbanda em específico. Dá para entender por que uma grande maioria de terreiros não trabalhava com Pombagira até a década de 1990, quando começa um movimento de valorização e respeito às Pombagiras enquanto Guardiãs junto dos Exus Guardiões.

Para isso, as obras psicografadas de romances contando histórias de vida e morte de Exus e Pombagiras ajudaram muito a desmistificar Exu e Pombagira. Aqui citamos o lançamento do best-seller O Guardião da Meia-Noite, de Rubens Saraceni, Madras Editora, que conta a história de um Exu e o desmistifica, situando Exu nas linhas de Umbanda como um espírito reencarnante trabalhando na Lei Maior e na Justiça Divina em nome da Luz, descendo nas trevas humanas se preciso for; da mesma forma, as Pombagiras são redefinidas nesse mesmo lugar de respeito.

Segundo Rubens Saraceni, no livro *Orixá Pombagira*:
"Muitos autores umbandistas já comentaram sobre os espíritos que, incorporados em médiuns, se apresentam com os nomes de Pombagira Rainha, Pombagira das Matas, Pombagira Menina, Pombagira Maria Padilha, etc. Uns as descrevem como sendo algo positivo e outros, como algo negativo, deixando muitos umbandistas confusos porque não tem como justificar a presença de um espírito feminino que foge aos padrões morais e comportamentais da nossa sociedade, predominantemente cristã, em que a mulher está colocada em um pedestal elevadíssimo e muito dignificante enquanto mãe, esposa e filha obediente, mas que a lança no abismo do opróbrio (desonra, degradação, vergonha) se ela fugir do 'arquétipo' da submissão e, fazendo uso de seu livre-arbítrio, der um rumo ou diretriz pessoal à sua vida". (SARACENI, 2008, p. 7)

"É claro que uma mulher altiva, senhora de si, segura, competentíssima no seu campo de atuação, seja ele profissional, político, intelectual, artístico ou religioso, impressiona positivamente alguns e assusta outros.

Agora, se esse imenso potencial também aflorar nos aspectos íntimos dos relacionamentos homem-mulher, bem, aí elas fogem do controle, e tanto assustam a maioria como começam a ser estereotipadas como levianas, ninfomaníacas, etc.

Liberdade com cabresto ainda é aceitável em uma sociedade patriarcal e machista. Mas, sem um cabresto segurado por mãos masculinas, tudo foge do controle... (controle patriarcal dos homens).

De repente, uma religião nascente e espírita se viu diante de manifestações de espíritos femininos altivos, independentes, senhoras de si, competentíssimas, liberais, provocantes, sensuais, belíssimas, fascinantes, desafiadoras, poderosas, dominadoras, mandonas, cativantes, encantadoras, cuja forma de apresentação fascinou os homens (machistas) porque elas simbolizavam o tipo de mulher ideal, desde que não fosse sua mãe, sua irmã, sua esposa e sua filha.

Quanto às mulheres, as Pombagiras da Umbanda simbolizavam tudo o que lhes era negado pela sociedade machista, repressora e patriarcal...

Mas, com as Pombagiras da Umbanda não tinha jeito, porque ou deixavam elas incorporarem em suas médiuns ou ninguém mais incorporava.

Só um ou outro dirigente ousava realizar sessões de trabalhos espirituais com as Pombagiras, e a maioria deles preferia fazer 'giras fechadas' para a esquerda, para não 'escandalizar ninguém.

Só que essa não foi uma boa solução porque as línguas ferinas logo começaram a tagarelar e a espalhar que nessas giras fechadas rolava de tudo, inclusive sexo entre seus participantes, criando um mal-estar muito grande, tanto dentro do círculo umbandista quanto fora dele... e as 'moças da rua' já haviam sido estigmatizadas como espíritos de rameiras que incorporavam em médiuns mulheres para fumarem, beberem champanhe, gargalharem, rebolarem seus quadris, balançarem seus seios de forma provocante e para atiçarem nos homens desejos libidinosos e inconfessáveis.

O único jeito de amenizar o 'prejuízo religioso' foi tentar explicar que as Pombagiras eram Exus femininos e, como todos sabem, Exu não é flor que se cheire... Como 'mulher de Exu' ou Exu feminino, ainda dava para deixar uma ou outra incorporar na gira deles". (SARACENI, 2008, p. 8-9)

Ana Mametto, Ana Teresa Santos Oliveira, atriz, cantora, jornalista, mulher negra, iniciada na Umbanda, é a mulher na capa deste livro. Em sua monografia de Jornalismo, 2020, apresentou o tema "Laroyê Pombagira, Pombagira é Mojubá: um olhar analítico sobre a interpretação demonizada da Orixá Pombagira".

Logo na introdução da monografia, Ana traz uma definição de Pombagira, que vale citar e ressaltar:

"A Orixá Pombagira, no mundo de representações, é vista como sedutora, independente, agressiva, audaz, infiel e ativa, atributos que no contexto brasileiro tornam-se representativos da noção de virilidade. São revolucionárias por excelência. Suas ações desmantelam a lógica dicotômica que sustenta a modernidade, bem como os valores que legitimam o patriarcado. As oposições binárias entre bem e mal, masculino e feminino... Tudo que lhe diz respeito é ambíguo. Pombagira também é descrita como uma mulher vulgar, forte, debochada, perigosa e transgressora".

Mametto pontua a questão da violência simbólica contra Pombagira e coloca como uma das questões centrais de sua pesquisa, apresentando diversas referências da demonização de Pombagira, que sofre ainda todo o peso patriarcal machista das inúmeras obras escritas por homens que desclassificam a mulher livre, colocando Pombagira como algo negativo, trevoso, demoníaco. A quem se dedica ao estudo, indico que leia essa monografia em sua íntegra como produção de saber que vem desde dentro, com o olhar de pesquisadora que busca referências e pontua o processo de marginalização da entidade por meio de adjetivos pejorativos e agressão ao feminino que busca poder e autonomia em uma sociedade repressora da mulher:

"Todo esse contexto abordado sobre a Orixá Pombagira, faz-se indagar sobre o seguinte problema de pesquisa: Por que a Orixá Pombagira desperta um comportamento de violência simbólica por parte da sociedade brasileira?

Violência simbólica é um conceito elaborado pelo sociólogo Pierre Bourdieu que significa uma forma de coação que se apoia no reconhecimento de uma imposição.

Pela doutrinação religiosa, ou seja, modelos, cânones, magistérios que são ensinados. As condenações no sentido social não podem ser creditadas somente ao intolerante. A sociedade demoniza a Orixá pela falta de conhecimento, mas o doutrinador se faz de extrema importância em construir a imagem dessa demonização.

Pombagira é uma Orixá transgressora que vai de encontro ao modelo imposto pelos doutrinadores religiosos. Católicos, Kardecistas, Neopentecostais e até Umbandistas atravessaram séculos demonizando quem não segue esse modelo.

A associação da Pombagira ao demônio é uma das formas encontradas pelos doutrinadores de vedar a sua liberdade, um modelo de mulher que não pode ser seguido em uma sociedade dominada pelo patriarcado opressor.

Pombagira é Dandara dos Palmares, Tereza de Benguela, Maria Felipa de Oliveira, Anita Garibaldi, Maria Quitéria, é Marielle Franco, que assim como Pombagira foram silenciadas por lutarem a favor da liberdade, mulheres essenciais e injustiçadas da história brasileira.

São várias camadas de violência simbólica que demonizam a Pombagira, fruto do racismo, do machismo e da intolerância religiosa que estruturam a sociedade brasileira. A demonização, utilizando o termo atual, é a ferramenta contra o empoderamento."

Assim, com as palavras de Ana Mametto, deixo em aberto as reflexões sobre a demonização de Pombagira em boa parte da literatura de dentro e de fora da religião Umbanda e demais tradições afro-brasileiras das quais a Umbanda faz parte.

"Mistério Pombagira"

O conceito de "Mistério Pombagira" foi desenvolvido por meu saudoso amigo, mestre, irmão Rubens Saraceni, que identifica as divindades, arquétipos das entidades e os sentidos da vida como mistérios da criação. Olorum, Oxalá, Exu, Pombagira, Ibeji, Caboclo, Amor, Justiça são mistérios da criação.

O conceito de mistério, linhas, vibrações, sentidos da vida, fatores, verbos expressos aqui neste livro tem origem na obra de Rubens Saraceni, com mais de 50 títulos publicados.

Coloco a seguir alguns conceitos da obra de Rubens Saraceni, expressos em minhas palavras:

Mistério é algo que podemos explicar, mas nunca damos conta de seu todo; a cada dia nos aprofundamos mais e mais nos seus saberes como quem desvenda um arcano.

Deus é O Mistério Maior, suas divindades maiores são mistérios maiores; enquanto divindades menores, entidades e encantados são mistérios menores, estudados em hierarquia de abrangência do mistério no Todo.

Se Deus é O Mistério Maior, todos os outros mistérios maiores estão contidos n'Ele, assim como os menores se contêm nos maiores.

As divindades ou Deuses, Deusas, de todas as culturas, são mistérios, assim como suas qualidades são mistérios da criação.

Oxalá mistério da Fé, Oxum mistério do Amor, Oxóssi mistério do conhecimento, Xangô mistério da Justiça, Ogum mistério da Lei, Obaluaiê mistério da Sabedoria, Iemanjá mistério da Geração, Logunan mistério do Tempo, Oxumaré mistério das cores, Obá mistério da objetividade, Oroiná mistério purificador, Iansã mistério movimentador, Nanã Buruquê mistério decantador, Omolu mistério paralisador, Exu mistério da vitalidade e Pombagira mistério dos desejos.

Sete Linhas de Umbanda, Sete Sentidos e Sete Vibrações: Fé, Amor, Conhecimento, Justiça, Lei, Evolução e Geração, em que podemos identificar todos os Deuses ou divindades de todas as culturas e panteões. É uma forma de organizar, estudar, conhecer e se relacionar com os Orixás na Umbanda. De forma equilibrada para dar acesso as Sete Vibrações de Olorum por meio de Pais e Mães Orixás, identificamos um Pai e uma Mãe para cada linha e, assim, assentam-se dois Orixás em cada vibração ou elemento:

Fé – Cristalino: Oxalá e Logunan (Tempo)
Amor – Mineral: Oxum e Oxumaré
Conhecimento – Vegetal: Oxóssi e Obá
Justiça – Fogo: Xangô-Aganju e Oroiná-Egunitá
Lei – Ar: Ogum e Iansã-Oyá
Sabedoria – Terra: Obaluaiê e Nanã Buruquê
Geração – Água: Iemanjá-Olokum e Omolu

Exu e Pombagira estão em todas as linhas e mistérios, ele vitalizando tudo na criação e ela estimulando tudo na criação. Ele por fora e ela por dentro de tudo e de todos.

Oxalá é uma individualização de Olorum no mistério da Fé, assim como Oxum é a individualização de Olorum no mistério do Amor; em outras culturas vemos o mesmo: Afrodite grega, Vênus romana, Freya nórdica, Hathor egípcia ou Lakshmi hindu são individualizações de Deus, no seu aspecto feminino Deusa, individualizada no Amor em Oxum assim como em Afrodite, Vênus, Freya, Hathor ou Lakshmi.

Exu é individualização de Olorum na vitalidade, assim como Pombagira é a individualização de Olorum nos desejos.

Existem muitos outros Orixás e muitos outros mistérios atribuídos a cada Orixá.

Ainda assim cada parte não é um fragmento, cada parte é como um fractal que também contém o todo; isso quer dizer que uma gota do oceano é uma parte do Oceano e ao mesmo tempo é um fractal do Oceano; uma gota do Oceano contém o Todo do Oceano, assim como o todo de uma arvore está contido em um fractal semente, e o ser humano em seu fractal DNA.

Se pensarmos a partir de Sete Linhas ou vibrações de Deus, popularizados entre nós como Sete Linhas de Umbanda, que podem se identificar pelos Sete Sentidos da Vida como Fé, Amor, Conhecimento, Justiça, Lei, Sabedoria e Geração, cada um deles está contido no Todo Olorum, assim como Olorum está contido em cada um deles. O mesmo se dá ao explicar uma divindade, de qualquer panteão, ou os Orixás.

O mistério de Exu é o externo de tudo o que existe na criação, assim como o mistério Pombagira é o interno de tudo na criação.

Exu é o corpo e Pombagira é a alma de tudo, Exu é o que se projeta para fora e Pombagira o que se introjeta para dentro.

Oxalá está em Olorum, seus emissários estão em Oxalá, e em Oxalá está o Todo de Olorum individualizado nas características. Oxalá, com suas qualidades, atributos, atribuições, elementos, força, energia, que somados são o Mistério Oxalá, manifesto no que conhecemos Orixá Oxalá. O mesmo se dá para o Orixá Exu ou Inquice Bombogira.

Esses conceitos anteriormente expressos, embora escritos com minhas palavras e repetidos por muitas outras pessoas e escritores, são conceitos autorais que marcam a obra de Rubens Saraceni, e fundamenta teologicamente a Religião Umbanda, Umbanda Sagrada e Umbanda Natural.

A obra de Rubens Saraceni é um divisor de águas na Umbanda, sua forma de organizar, sistematizar e passar o conhecimento proporcionou grande expansão da Umbanda por meio de estudos, cursos e livros. Boa parte dos umbandistas não estaria onde está hoje se não houvesse a obra de Saraceni, por isso também bato cabeça eternamente ao meu Mestre Rubens Saraceni. Graças ao livro *O Guardião da Meia-Noite*, umbandistas e espiritualistas em geral passaram a entender a entidade Exu que se manifesta na Umbanda e, por conseguinte, a entidade Pombagira, em um lugar de respeito e admiração. Na maioria das obras que antecedem a publicação de *O Guardião da Meia-Noite*, 1995, impera o medo, o assustador, o terrível, Exu e Pombagira, mesmo quando não é citada ela é citada, envolvida e anexada a imagens do mal, de maldade, de fazer e compactuar com o mal por meio de um discurso em que: mal é quem pede o mal, quem faz é só intermediário.

Conclusão

Pombagira se assentou na Encruzilhada, assumiu o Moyo da Inquice Pambunzila milongada com a Orixá Exua, caminha com as Mães Feiticeiras, vem trazendo, como pode, o poder ancestral de todas as Deusas, está ali Astarte, Aserá, Lilith, Hécate, Perséfone, Trivia, Kali; o poder feminino da Mãe, da Terra, da Natureza, da Lua, das Sombras, da Caverna, do Útero e do sangue menstrual.

Pombagira é Deusa, e toda Deusa, divindade feminina, é um aspecto da Deusa Maior; toda mulher é um fractal da Deusa, Pombagira é fractal da Deusa Maior.

Não controlamos os Deuses e muito menos as Deusas, quanto mais as que reinam nas encruzilhadas.

II
PARTE

Mulher Igual Você!

Pombagira é Rainha, Deusa, Divindade, Inquice, Orixá, Entidade.
Vai aonde quer, está onde quer, e é o que quiser.
Pombagira é mulher igual a você!
Pombagira não tem "marido", não tem dono, não é propriedade de homem ou Deus algum. Ela tem amores que trascedem conceitos identidades e gênero.
Pombagira tem Ogum para guerra, Oxalá para paz, Xangô para realeza, Oxóssi para descontrair, Obaluaiê para acalmar, Omolu para aquietar, Oxumaré para colorir seus dias e Exu para todos os momentos, assim como tem Oxum, Iemanjá, Iansã e Nanã.
Pombagira não tem "marido" porque não é propriedade de ninguém, não tem "marido" porque não está encarnada, não tem "marido" porque o conceito "marido" implica uma carga moral, patriarcal, machista, de posse em uma realidade e cultura incompatíveis com seu mistério livre, altivo e libertador.
Pombagira é "A" Deusa, ao mesmo tempo é uma Deusa, Divindade, Orixá, Rainha, ela é uma e é muitas; muitas mulheres, entidades, espíritos, guardiãs e guias Pombagira e mestre.

O relacionamento de Pombagira com Exu acontece em muitas realidades: amorosa, energética, espiritual, mental, vibracional, conceitual, de trabalho e vida; dentro, fora e além da Umbanda.

Quando se fala que Pombagira tem sete Maridos, é uma linguagem figurada para identificar Exu nas Sete Linhas de Umbanda ou Vibrações de Deus, em que ela também atua.

Pombagira Maior faz par com Exu Maior e também com seus Sete Sentidos ou se preferir "Sete Exus".

Mas essa é apenas uma dentre tantas visões de Umbanda.

Pombagira se relaciona com 301 Orixás, com deuses e deusas celtas, gregos, romanos, egípcios, sumerianos, babilônicos, hindus, indígenas e todos mais, onde ela também assume outras culturas, faces e nomes.

A senhora dos desejos habita dentro de cada um de nós.

Pombagira está muito além de tudo o que podemos conceber.

Pombagira é Deusa, Rainha, Mulher; mulher igual a você!!!

Saravá Pombagira!

Sou a Deusa!

Na manhã do dia 21 de maio de 2019, acordei com ela sussurrando palavras em minha alma, estava ali em minha cama, nua como uma Deusa, negra como uma Deusa, sua pele brilhava um tom dourado. Silenciei, quietinho para ouvir atentamente aquela voz em mim.

Como um trovão, esse saber me atravessou, rasgou meu espírito, exigindo nova consciência para receber e absorver:

EU SOU a Deusa esquecida nas brumas do passado. Fui amada, adorada, reverenciada e cultuada por uma casta de sacerdotisas: "filhas da Deusa", as "filhas da Noite". São mulheres livres e libertas que não aceitam submissão a homem algum, nem Deus manda nelas. Eu lhes ensinei: nada é mais sagrado que o livre-arbítrio.

Elas realizam seus desejos, aceitam pagar o preço por isso, reconhecem o corpo perecível, a alma imortal, sabem que a vida é única como se não houvesse outra oportunidade de viver o agora.

Marquei-as perante a eternidade, me procuram intuitivamente, estão por toda a parte, se identificam como irmãs de um mesmo clã.

Recebo, aceito, reconheço-as como filhas todas que me procuram em suas entranhas, em busca de força para viver de forma saudável em um mundo doente.

Eu nunca serei totalmente esquecida!

Mulheres abusadas, profanadas, agredidas, caluniadas, difamadas, marginalizadas, torturadas, escravizadas, estupradas, prostituídas, queimadas vivas... não me esqueceram, elas me reconhecem em si mesmas e me chamam "Mãe".

A maioria delas nem me atribui nome, não conhece tantos nomes que eu mesma me faço reconhecer. Por intuição me chamam: Mãe da Rua, Mãe Farrapo, Mãe Mulambo, Mãe das Estrelas, Mãe da Noite, Mãe das Sombras, Mãe das Trevas, Mãe Amada, Mãe dos Desejos, Mãe da Carne, Mãe do Sexo, Mãe prostituída de filhas prostituídas pela vida, por homens, sociedade, um modelo patriarcal, machista, sexista, colonialista, consumista, hipócrita e covarde, entre outros atributos e desqualificações, não menos importantes.

Como pode ser fácil a vida para quem está com quem não quer estar? Como pode ser fácil assumir o mais hipócrita dos "pecados"? Como pode ser fácil não ter quem deseja e ser desejada por quem não quer?

Ter a carne rasgada, alma mutilada, espírito corrompido, lágrimas caladas, boca sufocada e ainda ter de agradar a quem a profana, apenas para levar um pouco de dignidade a um filho, a um pai ou a uma mãe?

Fazer o que ninguém quer fazer, receber homens que as esposas rejeitam, por meio de subterfúgios e artimanhas? Deitar-se com quem não ama é sempre prostituição, não importa se tem contrato de casamento ou se é apenas por uma noite.

A vida difícil da outra sempre parece mais fácil. Como pode ser fácil um lugar que você não quer estar? Ou que você quer mas não tem coragem? Não há glamour, dinheiro ou presente que compre anos perdidos, dor na alma e memórias de ser tratada como lixo humano.

Quais são as opções de quem não tem opção?

A única opção que resta é rezar!!!

Não mais para um Deus possessivo, ciumento, egoísta, não mais para um Deus Pai. Talvez um Deus filho, humano, que reconhece sua mãe; um Deus que não atira pedras, um Deus acolhedor. Como rezar para esse Deus filho se ele foi totalmente capturado, engessado e elevado à mesma condição de Pai?

Como rezar para o filho se agora ele é o pai?

Como seria rezar para uma mãe tão intocada, depois de ter sido muito tocada de todas as formas? Como se identificar com uma mãe tão imaculada em meio a tanta mácula? Como rezar para alguém tão pura após ter sido tão profanada?

Desesperança, desespero, desamor, desafeto, descuidado, desacolhimento, desilusão, mágoa, dor, agonia, solidão levam a mim. Só resta rezar para uma Deusa desconhecida, uma Deusa igual a você.

Enquanto houver mulheres que sofrem a dor da exclusão, estou e sempre estarei aqui, sou a Deusa de mil nomes!

Sou uma das faces da Deusa Mãe, um dos aspectos da Deusa Maior. O dia que descobrirem que todas as deusas são uma única deusa, descobrirão que o desamor para comigo é desamor para todas as minhas irmãs.

Somos muitas deusas e ao mesmo tempo somos A Deusa Mãe, única e absoluta. Para quem nos conhece a fundo somos o Deus Pai, também. Não há Pai sem Mãe, cara sem coroa, dia sem noite, sombra sem luz.

Deus ou Deusa? São dois lados de uma mesma moeda, transcenda o olhar unitário e o olhar binário, alcance o olhar essencial e venha até a alma de minha alma.

Mergulhe seu ser no meu, descubra, sou a Mãe e o Pai, a Deusa e o Deus que transcende valores humanos, além de idealizações hipócritas de doutrinas distorcidas.

Agora é na figura de uma Deusa que vou falar, é na figura de uma Deusa que quero ser reconhecida, é assim que vou me apresentar!

"Se é preciso que eu tenha um nome", pode me chamar por qualquer um dos mil nomes, todos são fortes e me agradam, mas poucos são conhecidos por vocês.

Há um nome antigo, perseguido, caluniado, vilipendiado, distorcido, forte, lindo, que me honra e me pertence: Lilith – A Deusa.

Mas, se você quiser, pode me chamar pelo nome de uma de minhas filhas, pode me chamar pelo nome de qualquer uma de minhas filhas, pode me chamar de Maria Madalena. Maria para não esquecer que também sou Maria, que sou todas as Marias, que sou Maria Padilha, Maria Cecília, Maria Mulambo, Maria Farrapo, Maria Navalha, Maria Caveira, Maria Rosa, Maria Sete Saias, Maria do Cais, Maria comprada, Maria vendida, Maria abusada, Maria torturada, Maria estuprada, sou todas essas Marias e sou Maria Mãe, Mãe de todos, sou a tocada e a intocada, sou a maculada e a imaculada, sou a "santa" e sou a "puta", no fim sou apenas mulher, sou Pombagira!!!

Pode me chamar por mil nomes, mas hoje me chame Pombagira, eu sou A Pombagira. Não aceite que me diminuam, que me reduzam, que me calem, não aceite menos do que sou, uma Deusa, Rainha, Divindade, Orixá, Entidade; sou a Deusa Pombagira!

Se quer me agradar, agrade minhas filhas, vale mais que mil Oferendas.

Deusa na Pele de Pombagira

Surgi no momento em que a Fonte Original manifestou vontade de criar o lado interno e externo da criação. No interno eu, A Deusa, no externo, O Deus, essa é a primeira dualidade da Criação.

Sou A Deusa, portanto me manifesto por meio de todas as deusas, estou e sou em todas elas. Sou Pambunjila, sou Iyá Amapô, Iyá Obo, Iyámi Oxorongá, Oxum, Iemanjá, Nanã Buroquê, Logunan, Iansã-Oyá, Oroiná-Egunitá, Obá, sou todas as deusas conhecidas e desconhecidas. Sou Nut, Ísis, Hator, Sekhmet, Maat, Best, Freya, Geia, Gaia, Reia, Deméter, Diana, Pachamama, Atenas, Afrodite, Vênus, Hera, Perséfone, Hécate, Hell, Cerridwen, Moiras, Tara, Kali, Durga, Parvati, Lakshmi, Sarasvati, Arianrhod, Astarte, Brigdhe, Fuji, Pele, Ananta, Lamashtu, Inana, Andrasta, Anat, Daena, Maia, Maya, Befana, Baba Yaga, Cailleach, entre milhares de outras.

Todas estão em mim, eu estou em todas.

Somos iguais e diversas, mistérios de um mistério maior, e somos o mistério maior.

Uma não diminui a outra, existimos, coexistimos, interexistimos, somos umas nas outras! Somos a sororidade ideal!

Sou cultuada por meio de tradições atuais e antigas, por nomes diversos, como Orixá estou nas sociedades femininas e secretas de origem africana, também estou na Umbanda de forma direta e por meio de minhas filhas, irmãs e guardiãs. Estou em cada uma que me busca em seu íntimo e me reconhece em suas entranhas.

Sou uma das faces da Deusa, assim como são minhas irmãs outras deusas, juntas somos o feminino na Criação. Somos A Deusa.

Somos as partes, Ela é o Todo. Aqui eu falo, Ela fala e nós falamos ao mesmo tempo, a única diferença é a consciência de quem ouve.

Sou o interior de tudo que existe, estou dentro, no íntimo, no fundo, nas profundezas e abismos, físicos e existenciais.

Sou Orixá Pombagira, Deusa, Divindade.

Sou a paixão que antecede o amor, o êxtase que antecede a fé, a ânsia do saber que antecede o conhecimento, a vontade de justiça, a expectativa da ordem, o estímulo à evolução, a gana de criar e gerar o que está por vir.

Sou sensual, carnal, mental, emocional, espiritual, divina, sagrada, natural, mística, passional, fogo e paixão; o desejo que brota no mais profundo de sua alma. Sou tudo que os desejos criam e concretizam em sua vida e imaginação.

Acima de tudo sou virtude. Não sou seus vícios nem sirvo a eles. Sou o desejo que vem da Alma. Desejo que vem do ego, da posse, tem origem nas dores do mundo.

Eu sou o desejo de cura, de luz, de consciência e vida para sua vida.

Medo e Desejo

O Poder Masculino na Criação não é superior ao Feminino e vice-versa, simplesmente porque um não existe sem o outro, se completam, complementam, misturam-se de tal forma que um está na outra e uma está no um.

Sempre que o masculino tenta subjugar o feminino, ou o contrário, revelam ego e insegurança.

Ninguém foi criado para existir sozinho e por essa razão os gêneros se unem, somam e/ou multiplicam.

O desejo de possuir revela o medo de ser possuído, de se perder, entregar, ser subjugado ou exposto em sua fragilidade humana. Há o medo de ser humilhado, medo de ser impotente ou medo de ser incompleto.

O medo, sempre; o medo faz com que um ou uma queira dominar o outro ou outra. O desejo de dominar revela o medo de ser dominada, abusada, usada, trocada, torturada, estuprada, comprada, vendida, descartada; medo de depender do outro, de ser escravizada, serva dos desejos mais baixos e degradantes.

O medo de entregar-se e de compreender que feminino e masculino se completam na criação cria as imagens de um Deus exclusivamente masculino ou de uma Deusa exclusivamente feminina.

O poder divino é a união das forças que se unem, completam e complementam, um não deve subjulgar ou dominar o outro.

Sou o desejo do êxtase, que estimula todas as formas de vida a buscar prazer e realização em toda a criação.

Desejo do espermatozoide em alcançar o óvulo, da criança em receber afeto, dos amantes, da abelha em colher o néctar das flores, desejo pela vida, por tudo que agrada e o faz melhor.

O desejo de ser mãe, este que percorre de forma visceral o corpo da mulher; estou em todas as suas fibras e nervos dando força de contração, sou o desejo da vida na hora do parto, o grito mais alto e mais profundo, a dor e o êxtase de prazer de quem deu à luz.

Sou o prazer que suplanta todas as dores do parto e dá sentido para trazer a vida de dentro das entranhas. Sou essa força, esse poder que está acima de todos os sentidos, o desejo à vida, a força da vida, que a faz mulher, a força que faz o homem entendê-la, mulher!

Desejo, estímulo, êxtase, gozo, prazer e orgasmo, eu me concretizo em suas vontades mais íntimas e profundas, de algumas você nem toma conhecimento, outras estão escondidas nas entranhas das máscaras e estruturas sociais.

Sou o que faz a menina tornar-se mulher, a mulher tornar-se mãe e a mãe não deixar de ser mulher.

O desejo que atrai, a força que seduz, a sensualidade da mulher. Estou em todas as mulheres, tudo que é feminino e também no masculino, estou n'Ele e Ele está em mim.

Sou a sensualidade que atrai e desperta o desejo, também sou no homem e em tudo que é masculino. Acima de tudo sou altivez, força, poder e liberdade de ser e viver em plenitude.

Um ser sem desejos é inerte, sem vida, sem estímulos, sem movimentos. Até mesmo os vegetais têm estímulos, se atraem uns pelos outros e manifestam vontades. Humano sem estímulos, desejos e vontades não é mais humano.

Desejo é o que move a humanidade desde a hora que acorda, como o desejo de levantar-se até a hora de dormir, com o desejo de descansar.

A vida sem o desejo de estar vivo, o que seria? Cada célula compartilha o desejo de estar viva, todo aquele que começa a perder esse desejo de viver logo adoece, células, órgãos, sistemas vão desistindo da vida.

Os sentimentos que partem do mental são compartilhados por cada átomo do ser, cada célula tem uma consciência do todo e das partes, como uma rede de informação que percorre por seu DNA, alcançando corpo, mente, espírito e emoções.

Sou o desejo de ir além de si mesma, de transcender-se na busca por respostas existenciais, o desejo de crescer, cura-se e ascender para realidades maiores.

Sou êxtase, o vinho que embriaga místicos, sou o prazer dos amantes da Deusa e do Deus!

Loucos divinos, embriagados pelo sagrado, que desejam ardentemente ser possuídos pela divindade, para a qual se entregam com paixão.

Sou amante divina, fogo que arde e não queima, chama que não consome, sou a centelha divina da vida que dá força e energia.

Sou a serpente de fogo, Kundalini, que sobe do chão ao céu em você, explodindo em êxtase profano, sagrado, carnal, espiritual, natural e divino.

Sou Pombagira!!!

Kali, Lilith, Asherat e Pombagira

O que elas têm em comun

No Hinduísmo Kali dança por cima do corpo de Shiva que permanece deitado em êxtase com a visão de sua amada por cima de si. Nesta tradição por meio de textos sagrados Shiva conversa com sua amada Kali e deste dialogo surge conceitos de Tantra, Sagrado Feminino e o empoderamento da mulher pelo arquétipo de uma Deusa igualmente poderosa, o mesmo não aconteceu com Lilith Asherat e Pombagira.

As três Deusas foram caladas, difamadas, caluniadas, malditas e condenadas ao "inferno" pela cultura e religiosidade judaico-cristã.

Provavelmente você não conhece Lilith ou Asherat, com quase toda certeza o que você ouviu sobre Pombagira é pejorativo.

Em culturas pré-judaico cristãs, as Deusas possuíam a mesma importância que os Deuses.

O homem convenceu a mulher a ficar quieta em casa cuidando dos filhos, enquanto ele vai à caça, ao trabalho, à selva ou à rua. Convenceu a mulher a mandar na casa enquanto ele manda na rua. Ela para dentro e ele para fora. O homem solto na rua e a mulher presa dentro de casa. O homem manda em sua liberdade e a mulher manda em sua gaiola.

Isso é tradição patriarcal, todos que vivem este paradigma opressor condenam os que vivem em liberdade.

A capacidade biológica de gerar em seu ventre e dar à luz torna as mulheres deusas para seus filhos. Um homem só existe porque foi gerado e amamentado por uma mulher, sua provedora absoluta até que haja o desmame.

Em eterna crise de baixa autoestima, o homem, sentindo-se menos que a mulher, tratou de sufocar o poder feminino; fez isso na sociedade e usou a religião para fazer valer seu machismo, sexismo, patriarcado e misoginia.

Não apenas a mulher é diminuída, mas também a Deusa e as deusas. Em toda cultura ocidental já não existe Deusa, apenas Deus, resultado de uma conspiração muito bem pensada no processo histórico-teológico de dominação masculina.

O homem tem medo da mulher, esse medo está na raiz das agressões. Não suportando a si mesmo, nesse processo de subjugar e reduzir a mulher a algo menor que ele, parte para a agressão física e verbal.

Essa agressão, redução e demonização da mulher aparecem nas lendas, mal contadas, de Deusas quase esquecidas, vítimas desse machismo patriarcal.

Lilith, uma Deusa sumeriana, foi reduzida à primeira esposa de Adão, conforme aparece no Talmude.

Diante de uma Deusa, Adão tremeu e não soube o que fazer; diz a lenda que Lilith não aceita ficar por baixo na hora do coito. Adão, assustado e aflito, corre para o Deus Pai e reclama sua posição de macho alfa, viril e patriarca. A partir daí Lilith passa a ser agredida, caluniada, difamada, demonizada, desqualificada em sua condição de Deusa ou mulher.

No Hinduísmo, Kali fica por cima de Shiva, ela dança em cima dele, que permanece em êxtase e meditação, abaixo de sua amada Deusa.

Adão, para se sentir seguro e "másculo", precisa de uma mulher submissa, assim seu Pai (Deus) faz uma mulher (Eva) de sua costela, quase um "apêndice" de Adão.

Eva, mulher, também não sairá ilesa nesse jogo de regras patriarcais; será considerada traidora, ardilosa, amiga da serpente, culpada da queda do paraíso.

Lilith, aparece nas lendas como a serpente que dá a semente do saber, da consciência, do livre-arbítrio, da transgressão, da alma, semente do humanismo, considerada semente da mentira, da traição, da mulher.

Graças a Eva, à serpente e à maçã, Adão pode ver a si mesmo, receber sabedoria, tomar conhecimento de si e assumir o livre-arbítrio.

A palavra serpente em hebraico vem da mesma raiz da palavra sabedoria, a única diferença entre serpente ou sabedoria é a consciência de quem lê.

Apenas quando transgride uma ordem de seu Pai (Deus) é que Adão e Eva se tornam humanos. Errar, mentir, trair e transgredir estão na base do que é humano, livre e, ao mesmo tempo, presos a valores e conceitos criados para oprimir.

Mesmo submissa, é Eva quem escuta a voz da sabedoria, a serpente; isso também é usado contra Eva e contra Lilith.

Mas há outras interpretações que observam e analisam a psique humana.

Quando Deus proíbe o fruto de certa árvore, seria apenas para chamar a atenção do casal.

Se Deus é e sempre foi onisciente e onipresente, criador de tudo e de todos, logo a serpente está ali por uma determinação Divina; assim como suas palavras, o resto é apenas Deus conduzindo Adão e Eva.

Embora "puros", Adão e Eva são ignorantes. Lilith, a Deusa, volta para seus domínios e de lá assiste a tudo, ainda se reconhece na mulher que a procura na própria carne em busca da Alma. Cultuada em sociedades secretas de mulheres, Lilith aguarda o dia de se mostrar e dizer que essa lenda, esse mito de esposa rejeitada não a representa, a única lenda possível é: Lilith é Deusa, Rainha, Divindade, e Adão tão humano não soube como lidar com isso. A ignorância de Adão recai sobre seus filhos, afinal ser filho de Adão, Eva ou Lilith é apenas um estado de consciência, dos diversos arquétipos humanos que assumem identidade mitológica a partir do encontro entre humano, divino, sagrado e profano.

Eva, quando transgride, está seguindo sua alma, está mostrando a força da liberdade, está tornando humano, dando uma alma para Adão. Quem tem alma e segue o coração não pode ser refém de promessas vazias ou sem sentido, seguir a alma muitas vezes significa trair certa tradição, em nome da lealdade à sua alma.

As Deusas não têm pressa, observam tudo com os olhos da eternidade, hoje elas estão reassumindo seu lugar e junto delas também a mulher volta a ocupar um espaço de poder e vice-versa.

Se Lilith foi excluída, a Umbanda a acolhe e lhe reconhece Deusa Pombagira. Não apenas acolhemos, cultuamos, louvamos, reverenciamos, invocamos, chamamos, clamamos e incorporamos seu poder e mistério.

Asherat é uma deusa cananeia e sumeriana, também chamada de Astarte, faz par com o Deus El, considerado "Deus Único" para os semitas e mais tarde judeus.

El, Deus de Abraão, Isac e Jacó, chamado El Shaday, El Elion ou Elohin, é muito mais antigo que o Judaísmo e os textos da Torá ou do Antigo Testamento. El possuía esposa (Asherat ou Astarte) e dois filhos (Baal e Anat). *O acadêmico semita, dr. Raphael Patai (antigo professor da Hebrew University de Jerusalém), sustenta que o acrônimo YHWH de Yahweh, como transmitido a Moisés, era originalmente uma referência consonantal a esses quatro membros da família divina.*[4]

Astarte, Asarot ou Asherat, a Deusa, é citada 44 vezes no Antigo Testamento, também aparece nas tábuas de *Tell El-Amarna* (cartas enviadas da Mesopotâmia para a 18ª dinastia de Faraós do Egito) e em textos cananeus de Ras Shamra. A presença da Deusa, seu culto e importância de igualdade com o Deus são inquestionáveis.

Pesquisas arqueológicas na região do Templo de Salomão comprovam, no período em que foi construído (1000

---

4. Fonte: *A Origem de Deus*, de Laurence Gardner. São Paulo: Madras Editora, 2011. p.74

a.C.) e durante muito tempo depois, havia culto doméstico, na maioria das residências, à Deusa Asherat ou Astarte. Esse culto seria totalmente extinto e considerado repulsivo após o exílio babilônico, em que o povo judeu se identifica por meio da organização e escrita final da Torá, Bíblia Judaica. No Pentateuco, em várias passagens é condenado o culto a Asherat ou Astarte, a ênfase se dá no fato de que a Deusa era tão popular quanto o Deus. Asherat e/ou Astarte é condenada ao "inferno" junto de Lilith e todas as outras Deusas, simplesmente porque o "feminino" não caberia mais como algo divino, agora uma exclusividade do Deus Pai Masculino El, YHWH ou Javé.

Deus passa a ser exclusivamente Pai, não há mais uma Deusa Mãe nessa cultura judaico-cristã, isso cria um grande problema no relacionamento com o sagrado.

Ter Pai e não ter Mãe cria uma sociedade dura, patriarcal e machista. Existe um vazio existencial coletivo e afetivo com o Mistério Maior, e os sacerdotes sabem muito bem disso. Por essa razão na cultura judaica, de forma oculta, velada, principalmente para rabinos cabalistas, foi idealizada Sheknah, o lado feminino de Deus, quase desconhecido para leigos e que não chega a ser uma Deusa, mas resolve para uma casta de sacerdotes e rabinos conhecedores dos mistérios divinos.

Existem lendas muito interessantes sobre a Sheknah, uma delas diz que quando o templo de Jerusalém foi destruído, Sheknah desceu para acompanhar seus filhos, deixando IHWH (Deus) sozinho em seu posto celestial. Lilith, ao ver Deus solitário, sobe aos céus e vai lhe fazer companhia. IHWH deve ter regozijado com tão auspiciosa companhia.

As curiosidades e contradições não param por aí. Católicos criaram o primeiro modelo universal e romano de Cristianismo, no qual Jesus passa a ser considerado Deus, pelo fato que não poderia ser menor que Apolo ou Zeus para ocupar Roma, e sua mãe Maria agora é Nossa Senhora e Mãe de Deus. Resolvido o problema para esses cristãos que têm Jesus à frente de um "panteão" de Santos e Maria à frente de um "panteão" de Santas. Sincretismo sempre, tudo é sincrético em todas as culturas humanas em que história, arqueologia e antropologia só confirmam todos esses fatos.

Sempre tem uma "Maria" incomodando a mente perturbada de sacerdotes patriarcais. Maria Madalena, amada por Jesus e sua discípula mais próxima, passa a ser considerada uma qualquer. Passa a ser tratada como uma "rameira" ou "vadia", sem nenhuma referência associaram-na à mulher adúltera que seria apedrejada. Com o tempo surgiram diversas teorias para desclassificar e ocultar o fato de que Jesus a fez discípula bem-amada.

Em alguns textos apócrifos encontrados em Nag Hammadi, como o "Evangelho de Maria Madalena",[5] Jesus beija Maria Madalena na boca e causa ciúmes nos demais discípulos. Pedro questiona por que há uma mulher ali, mulheres não podia se sentar com homens para estudar. Jesus responde que faz de Madalena um homem, ali em sua comunidade essa mulher (e outras) tem os mesmos direitos e respeito que os homens.

---

5. Fonte: *A Biblioteca de Nag Hammadi*, de James M. Robinson. São Paulo: Madras Editora, 2006.

Jesus, Yeshua, tão humano será engessado, eternamente pregado na cruz, imóvel, sem vida, sem liberdade, sem amor pelos desvalidos e marginalizados.

Nasce o "Jesus, Cristo, Romano e Divino", inalcançável, e morre o "Jesus, Yeshua, Judeu e Humano" tão próximo. O Cristo é oposto às minorias, passa a ser um Deus opressor, manipulado por um clero opressor, em parceria com a monarquia opressora, em uma nova conspiração de dominação do mundo ocidental, o mundo patriarcal.

A virgindade de Maria elevada à condição de Mãe de Deus e Nossa Senhora é também um absurdo teológico, considerado dogma para nunca ser questionado. A construção da virgindade da santa é uma crueldade do ponto de vista humano, a mulher que deixa de ser virgem imediatamente deixa de ser santa ou pura. A virgindade passa a ser a medida de valia da mulher.

Sexo sem amor ou sexo apenas por prazer passa a ser considerado pecado, catolicamente sexo serve apenas para procriar, logo a mulher não pode ter e muito menos demonstrar prazer, jamais um orgasmo. Afinal, o homem não saberia o que fazer com isso.

A ideia de virgindade faz parte dessa estrutura bem pensada de opressão, submissão e controle da mulher.

Na época em que Maria engravidou, Jerusalém foi invadida por Roma e os soldados romanos estupraram muitas mulheres judias; uma vez que estavam grávidas, para garantir a descendência e perpetuar a cultura judaica, os sábios rabinos consideraram que: todo aquele que nascer do ventre de uma judia seria judeu, independentemente de ter pai conhecido ou não. Como essas crianças não tinham pai, convencionou-se dizer que eram todas filhas de Deus.

Assim não apenas Jesus, mas também todos os outros frutos de estupro são filhos de uma judia com Deus. Essa é provavelmente a única teoria aceitável pela qual se explica a origem de "Jesus, filho de Deus".

Vamos estudar antes de engolir goela abaixo um dogma de religião alheio à nossa. Não somos católicos, portanto podemos alcançar e aprofundar um olhar crítico que permita ver a construção histórica de dogmas, tabus, paradigmas e valores que não nos servem e muito menos nos representam. O fato de que criamos muito apego, a tudo que acreditamos por muito tempo, torna tão difícil desconstruir velhas e inúteis verdades, mesmo agora que se resgata toda a ideia de existência da Deusa fica a pergunta: e agora, o que você faz com isso?

Quem é Deusa?

A arqueologia religiosa realizada na região onde existiu o Templo de Jerusalém aponta que as famílias mantinham culto doméstico para a Deusa Mãe Asherat, companheira do Deus Pai El ou Elohim (Deus de Abraão, Isaac e Jacó), mais tarde IAVÉ ou JAVÉ (YHWH – Deus de Moisés).

Não precisa ir tão longe em pesquisas, na Bíblia há cerca de 40 citações à Deusa Asherat, muitas estão no Livro de Reis, onde um rei aceitava o culto de Asherat e Astarte, posteriormente outro rei condenava o mesmo culto, alternando períodos de liberdade e castração à Deusa Mãe Asherat.

Aceitas ou não pelo patriarcado sacerdotal do templo, a Deusa Asherat e outras Deusas, como Astarte e Lilith, sempre foram presentes e cultuadas por aquele povo semita, sumeriano e cananeu.

Em 609 a.C., o rei Nabucodonosor II escraviza os semitas, cativos por 70 anos na Babilônia; anciãos passam a escrever, registrar e organizar textos sagrados em hebraico, sua língua de origem, para preservar a cultura e criar identidade judaica em torno do livro sagrado Torá, a Bíblia Hebraica. Enquanto isso, os jovens falam o aramaico do opressor e passam a sincretizar seus valores culturais e religiosos com os de origem.

Em 538 a.C., os judeus são libertos por meio de Ciro II, o Grande, agora estão em contato com os persas, que possuem o Deus Bom Ormuz e o Deus Mau Arimã. Essa dualidade maniqueísta vai inspirar textos apócrifos judaicos, como o Livro de Enoque e o Livro de Jubileus, trazendo a lenda de um Anjo Caído que se opõe a Deus e dá base para a tardia construção, católica romana, de um arqui-inimigo de Deus, conhecido como Lúcifer, uma releitura católica do persa Arimã.

A ideia de um demônio poderoso, das Trevas ou Inferno que se opõe ao Deus da Luz e do Céu começa a ganhar espaço no imaginário judaico-cristão, como ferramenta de conversão e opressão na estrutura: pecado, Diabo, inferno.

Nesse período é retomada a conspiração do patriarcado que evoca, nos textos agora sagrados, as figuras de Abraão, Isaac, Jacó, Moisés, Davi, Salomão, legitimando uma sociedade patriarcal, na qual os homens assumem o poder religioso, legal e secular do povo judeu e sua descendência em detrimento da mulher.

Os textos condenam o culto a outros Deuses e condenam também qualquer culto a uma Deusa Mãe, seja ela quem for. O Deus Pai é ciumento, agressivo e possessivo, um perfil psicólogo frágil e infantil.

A mulher será oficial e legalmente submissa ao homem. A divindade lhe será negada, ali a Deusa não existe mais, foi suprimida e cassada oficialmente.

A mulher já foi livre, selvagem, feroz, indomável como Asherat, Astarte e Lilith.

O homem diminui a mulher com lendas que a condenaram como traidora, semente do mal, cobra, perversa; seu objetivo era controlar, domesticar, doutrinar por meio de textos dogmáticos de ordem machista, sexista e misógina.

E foi assim que nasceu essa cultura patriarcal judaica, repressora, a da mulher e da Deusa, sua divindade.

Restabelecendo o Culto à Deusa

A mulher é escravizada pelo patriarcado ao homem, deve servi-lo, cuidar da casa e garantir sua descendência por meio de sexo e procriação. Não tem voz perante a comunidade, não pode se expressar e vive como uma propriedade, como um bicho que foi domesticado.

Não foi nem é fácil para a Deusa e suas filhas, não é fácil para a mulher e sua divindade existir no mundo dominado pelo machismo.

A Deusa não morreu, Ela vive dentro de cada homem e cada mulher.

Sábios judeus passaram a reconhecer a falta da Deusa Mãe, a divindade feminina; reconhecem que Deus Pai tem um lado feminino, Shekinah, no entanto é um segredo revelado a uns poucos, estudiosos, místicos ou cabalistas.

A Igreja Católica Romana elevam um judeu, Yeshua, Jesus, profeta do povo e homem da periferia, à condição de Deus.

Romanos não poderiam rezar para alguém que fosse menor que o Deus Apolo, Jesus será o novo Apolo em uma nova e sincrética religião romana.

Entre romanos não é possível cultuar o Deus Pai sem cultuar a Deusa Mãe, é contra qualquer racionalização do mundo mitológico dos deuses greco-romanos e metafísico de seus filósofos.

Com a necessidade de ocupar o lugar vago da Deusa, Maria, a Mãe de Jesus, será considerada a Mãe de Deus, o mais próximo possível de uma Deusa.

A nova Deusa é virgem, casta, recatada, do lar, obediente e submissa. Maria Imaculada, intocada, é idealizada como o novo modelo de mulher que continuará sem voz, sem expressão, oprimida e obediente à lei, à tradição e ao marido.

A Deusa está ali, engessada, contida, controlada em Maria, Mãe de Deus. Se há uma divindade feminina ela é pura, casta e virgem. E assim como todas as santas, seu corpo e sua sexualidade não lhe pertencem, pertencem ao Deus Pai, às leis do patriarcado e ao marido.

Mas a Deusa, com sua fúria natural selvagem e sua liberdade, não morre nunca. Ela existe e continua exercendo seu poder nas outras culturas: africana, nativa, aborígene, indígena e oriental, como no Hinduísmo.

Por meio de seus mil nomes e faces, vai aos poucos, ao longo dos milênios, cercando essa sociedade patriarcal; a Deusa continua viva com toda a sua fúria e sede de retornar à vida, no íntimo de cada mulher e homem.

Por meio de muitas Deusas, a Deusa vem despertando suas filhas e filhos para uma realidade maior em que Deus e Deusa são duas faces de uma mesma fonte, poder e energia.

O homem não deve subjugar a mulher e vice-versa; no entanto, no estado atual de opressão e submissão, é necessário enfatizar a mulher e a Deusa até que se restabeleçam o equilíbrio e a harmonia entre mulheres e homens, entre Deusa e Deus, entre feminina e masculino.

O poder maior transcende feminino e masculino, no entanto se manifesta por meio dos dois e além do binário, além da questão de sexo ou gênero.

A Deusa vive em Asherat, Astarte, Lilith, Vênus, Afrodite, Ísis, Freya, Kali, Durga, Inana, Brighid, Oshum, Iyami ou Pombagira.

A Deusa vive em cada uma de nós, em nossa alma, nunca será morta; por meio desse saber é nosso dever, direito e liberdade restabelecer seu culto.

A Deusa Mãe vive e se manifesta por meio de Maria Mãe, Maria Madalena, Santa Bárbara, Santa Sara Kali, Logunan, Oshun, Obá, Oroiná-Egunitá, Iansã-Oyá, Nanã Buroquê, Iemanjá, Iyami, Ajé, Iyá Mapô, Iyá Obo e Pombagira entre todas as mil faces.

Profissional do Afeto

"Na boca de quem não presta Pombagira é vagabunda"

Desde sempre o homem recorre a profissionais do sexo e, desde sempre, as considera o que há de pior na sociedade, porque elas não têm "dono" nem são "submissas".

O mesmo homem que procura seu serviço "à noite" a condena "de dia" e volta na outra noite, para continuar condenando nos outros dias de hipocrisia, diante das outras mulheres que dormem "à noite" e também criticam as que não "dormem".

Foi criada a imagem da mulher imaculada, pura, virgem e submissa como ideal da "santa", oposto da "puta".

É assim que Lilith, Astarte, Asherat e Pombagira são consideradas e chamadas de "prostitutas do Diabo", "Mulheres Demônio", "esposas de Satã" e "encarnações do mal", entre outros adjetivos.

Desde que se deturpa a imagem da mulher forte e independente é estabelecida uma hipocrisia social, na qual se desdenha exatamente daquilo que se deseja "possuir" ou se tornar, de forma oculta ou inconsciente.

As mulheres "domesticadas", "domadas" e "submissas" entram nesse jogo perverso e temem perder seus maridos para as "outras", insubmissas. Nesse modelo perverso para todos e todas, criam-se sociedades com ideais de moral cada vez mais hipócritas.

A "profissão" mais antiga da humanidade continua sem regulamentação ou direitos na maioria dos países. Mulheres que escolheram ou que têm a prostituição como única escolha para sobreviver ou criar os filhos até hoje não possuem nenhum direito profissional e muito menos o respeito perante a sociedade.

É responsabilidade do Estado regulamentar aquilo que uma mulher ou homem adultos fazem de seu corpo? Ou isso é mais uma "Lei Moral" de origem "religiosa", Quem ganha e quem perde com isso?

Pombagira é a imagem da mulher forte e independente, e essa imagem está hipocritamente associada a algo pejorativo, que de maneira automática se associa à imagem da "puta!".

O resultado é que enquanto leigos da religião chamam Pombagira de "puta", religiosos leigos da vida gritam "Pombagira não é puta".

Pombagira não pode ser prostituta pelo fato de que não tem um corpo para vender, não é uma mulher encarnada; no entanto, o arquétipo Pombagira é de força, poder e altivez feminina. Independentemente de qual profissão aquela Pombagira exerceu em uma de suas vidas, do que fez ou foi feito de seu corpo.

Ninguém pode afirmar o que um espírito fez ou deixou de fazer em suas encarnações, por conta de ser hoje uma Pombagira ou uma Cabocla. É possível haver Caboclas que foram prostitutas em algumas de suas vidas, assim como Pombagiras que foram índias, santas, freiras, etc. Ser

Cabocla ou Pombagira não tem nada a ver com quem foi ou o que fez na última ou em outras encarnações.

Todos nós nos prostituímos para agradar a alguém, para comprar ou vender ideias, e não há prostituição maior que relacionamentos ou casamentos sem amor. Enquanto não aprendermos a respeitar as escolhas de cada um e a forma como cada um escolheu viver sua vida, mesmo que oposta ou diferente da nossa, não haverá paz.

Mesmo que eu não concorde com as escolhas de vida da outra pessoa, não posso condená-la por isso.

Ruim é o que agride a si mesmo ou o outro, uma situação que para uns é ruim, para outros pode não ser.

Aprender a respeitar as escolhas de cada um está no campo da ética, e não da moral ou moralismo.

Pombagira nos ensina a respeitar sem julgar, quem ama não julga, apenas acolhe.

Sou a Alma do Mundo

Homens e mulheres que não querem enfrentar seus medos mais profundos, que não venceram ainda seus demônios, dizem seguir Jesus, servindo ao senhor das ilusões. No fundo de seus discursos frios e rasos, no calor exclusivo do ego, desejam ser possuídos e se entregar às mesmas tentações que Jesus venceu no deserto.

Homens e mulheres que se dizem cristãos todos os dias compram e vendem Jesus.

Atacam pedras nas Marias Madalenas, nos marginalizados, simples, humildes, pequenos, crianças, nas outras filhas de Maria, porque não possuem as mesmas verdades ou os mesmos padrões morais.

Os fariseus de hoje são cristãos com os mesmos textos decorados para agredir samaritanos da seara alheia.

Pregam santidade inalcançável, constroem abismos existências dentro de si, criam demônios que habitam sua mente perturbada.

Obcecados pelo desejo de expulsar seus demônios, frustrados ao ver que eles sempre voltam; ignoram o fato de que cada desejo reprimido cria e traz de volta os mesmos demônios.

O medo de novos demônios os impede de conhecer outras verdades, o medo de enfrentar seus demônios os mantém reféns dos mesmos velhos e conhecidos demônios.

Coragem é a arte de seguir seu coração; onde falta coragem, faltam alma, amor e virtude.

Agredir quem tem coragem de entender ou viver seus desejos só faz aumentar o tamanho de seus monstros e demônios.

Religião se tornou a casa do medo, um conjunto de regras e dogmas para enjaular pessoas; uma vez presas nascem seus demônios, quanto mais presas mais fortes se tornam seus demônios e mais forte precisa ser a jaula.

De dentro da jaula se constroem doutrinas para atacar tudo e todos que não vivem na mesma gaiola.

Para quem vive na gaiola, liberdade é doença que corrompe a alma. Valores invertidos de quem não aprendeu a voar e sempre quer cortar asas alheias para tudo enjaular.

Em um mundo invertido, vejo a puta e a santa em papéis trocados.

Santas que prostituem a alma ou putas que prostituem o corpo.

Mulheres que se vendem por pouco, que se casam com o dinheiro, deitam sem prazer, alimentam seus medos, e demônios à procura da mesma segurança que parece existir nos covardes que as subjugam e violam sem pudor.

Mulheres que prostituíram a alma, o destino, criam filhos sem amor e chamam de puta as outras que apenas se parecem ou se tornaram o que elas gostariam de ser, livres e donas de sua sexualidade.

Tanto umas quanto as outras carregam suas dores, e pagam com lágrimas, nem melhor nem pior, nem santas nem putas, todas me procuram, mas nem todas sabem ainda onde me encontrar.

Estou em seu íntimo, em sua alma, em seu coração, sou sua verdade mais profunda, muitas vezes oculta, me revelo onde há consciência de si e do mundo. Sou Anima Mundi, sou a Alma do Mundo, a Alma e as verdades da Alma que existe em cada um ou cada uma.

Sou sua força de mulher, uma força da natureza, um poder ancestral, sou a origem de tudo que é mulher ou feminina.

Sou eu quem lhe dá força e poder de ser você mesma, de ser inteira no mundo. Sou a rainha que existe em você, seu mundo, seu reinado; sou a Deusa que se realiza em seu ser; sou mulher em você; sou você por inteiro e você é uma parte de mim.

Sou Pombagira!

Santa ou "Puta"?

Pombagira é "puta"!
Dizem aqueles que me odeiam.
Pombagira não é "puta"!
Dizem os que me amam.

Eu não vejo diferença entre a puta e a santa.
Não olho o exterior, mas o interior de cada ser.
Não sou encarnada, não tenho corpo para vender.
Não sou deste mundo, mas sou mulher no sentido mais forte e profundo, sou mãe, irmã e filha.
Quem diz que sou "puta" de forma pejorativa não me conhece, muito menos sabe o que é a vida de uma "puta".
Quem diz que não sou "puta", como resposta aos outros, em minha "defesa", manifesta seu apreço, carinho ou amor e também manifesta preconceito com a "puta", que pode ser a "profissional do sexo" ou simplesmente uma "mulher livre", "indomada" e que não aceita um "dono".
Jesus veio da periferia e andava com prostitutas, mendigos, ladrões, leprosos e cobradores de impostos.
Maria Madalena foi considerada "puta"; se ela foi ou não ninguém sabe, a única certeza é: Jesus não faz diferença, ele a ama e demonstra isso publicamente.

Puta ou santa, pouco importa, sou Pombagira.

Quando você olha para mim, vê apenas o que há em seu íntimo; se vê "puta", está aí algo mal resolvido, se vê santa", também está mal resolvido, se vê mulher ou Deusa, sou eu, Pombagira.

Pombagira Imoral

O conceito "Alma Imoral" aqui expresso faz parte do livro de mesmo nome do rabino Nilton Bonder.[6] Pombagira representa os desejos da Alma e não do Corpo. O corpo está para a tradição, assim como a alma está para a transgressão. Seguir a alma é seguir o coração e, para tanto, não existem regras nem tradições que o segurem.

Em relação ao corpo e às regras, a Alma é Imoral, assim como o coração. Seguir o coração é de Oxum, seguir a Alma é de Pombagira. O coração é sua verdade que procura se acomodar no mundo, a alma é algo visceral, avassalador e que não se acomoda.

Quem entra em contato com a própria alma sente que não é deste mundo. O mundo da alma é outro mundo, além da matéria, do corpo, da mente e do espírito tão presos, escravizados, no mundo das formas, matéria, valores, verdades fugazes e passageiras. A alma é eterna, sabe o que tem e o que não tem valor perante a eternidade. Alma não se comunica por meio de palavras ou pensamentos, nem emoções ou sentimentos. A alma possui uma transmissão especial só dela, portanto, inexplicável em palavras, contente-se com isso e vá em busca da sua.

---

6. *A Alma Imoral*, de Nilton Bonder. Rio de Janeiro: Rocco, 1998.

Pombagira transgride toda a tradição, pois traz fidelidade à sua alma, onde estão seus desejos mais puros e honestos.

Pombagira trai a letra da Lei para ir ao encontro do espírito da Lei. Algo como o sábado feito para o homem e não o homem para o sábado, mais vale o que sai da boca do que o que entra nela; atire a primeira pedra da lei quem não tem pecado.

Pombagira segue a Alma da Lei e a Lei da Alma; verdade que está encoberta por falsidades e hipocrisias do corpo, do mundo, da corporeidade, matéria e sociedade.

Pombagira ri, gargalha ao ver alguém tentando encobrir a si mesmo, ao mesmo tempo que ela o vê "nu" à sua frente. Enxerga com nítida transparência todos os movimentos do ego, do medo e da dissimulação. Resultado de uma sociedade opressora, castradora e repressora.

A transgressão de Pombagira representa a desrepressão do ser oprimido por leis tortas, convenções e máscaras sociais.

Por isso, Pombagira é rainha e reina absoluta em sua alma.

Pombagira rege o interior, o lado interno de tudo na criação, a alma de cada ser ou coisa tem Pombagira.

A alma anseia por liberdade, Pombagira o(a) empodera para realizar esse desejo da alma.

Pombagira não é submissa, equilibra a tensão entre lei, liberdade e respeito.

Pombagira o(a) liberta do que o(a) oprime e lhe oferece a liberdade de ser você mesmo(a).

Pombagira mostra o lugar dos Desejos da alma em face do respeito ao corpo.

Pombagira mostra que o corpo é sagrado e que consciência de liberdade não exclui disciplina de liberdade.

Pombagira o(a) ajuda a entender seus desejos reprimidos e lidar com eles na tensão entre o que é o bom e o que é certo para sua verdade.

Pombagira não está na tensão entre o certo e o errado, está entre o bom e o certo. Nem sempre o que é bom também será correto, nem por isso é errado e, ainda assim, o que é certo para um pode não ser para o outro. O errado é relativo e varia de pessoa para pessoa, de uma realidade a outra, no tempo e no espaço. Por isso Exu faz o certo virar errado e o errado virar certo. Pombagira pouco se importa com o certo ou o errado, ela vai direto no que é bom para sua alma.

Pombagira representa essa liberdade de ser quem você é! A busca por sua alma que se confunde entre desejos, estímulos e prazeres.

Pombagira está presente nos desejos da alma momentâneos ou imanentes, pequenos ou grandes, superficiais ou profundos.

Pombagira não é submissa, mas também não impõe submissão aos seus desejos, Pombagira é livre e preza a liberdade alheia.

O empoderamento feminino de Pombagira vem ao encontro de homens e mulheres, nos quais o feminino é algo presente em ambos.

Negar que existe algo feminino em si é desempoderar o contato com sua alma e seus desejos.

Verdades são apenas velhos ou novos paradigmas; cada vez que superamos uma verdade pequena por uma verdade maior ganhamos novos e maiores horizontes!!!

Consciência é tudo para o ser consciente, inconsciência é tudo para o inconsciente. Da inconsciência para a consciência há uma longa jornada e nesse caminho, está Pombagira bem à nossa frente.

Nome, roupa, aparência, elementos de trabalho, bebida, vela, flores, perfumes, é tudo externo e superficial, a realidade última de Pombagira é interna e profunda.

Quem se preocupa com o externo, a aparência, convenções e tradições jamais entenderá o que é Pombagira.

Pombagira é algo interno, que não se adéqua a nenhuma tradição, que não aceita formalidades e jamais se acomoda em zona de conforto.

Pombagira é a Alma de tudo o que existe, representa transgressão, imoralidade e quebra de todas as tradições, opressoras.

Existe uma Pombagira em todos nós, homens e mulheres, resta saber se reprimo ou se assumo meus desejos e prazeres.

No campo das realizações pessoais, a presença de Pombagira traz o poder de ir ao encontro de alma com outras pessoas e de alcançar a alma das diversas realidades.

Nenhuma vela, flor, bebida ou oferenda pode agradar mais que a sua verdade, amor e dedicação sincera.

Pombagira está na encruzilhada de três pontas e em todos os triângulos que abrem a possibilidade de espaço físico, geométrico e mágico.

Pombagira é a terceira margem do rio onde está a terceira opção e o lado interno de tudo, além de toda dualidade.

Pombagira é Lilith, que não se coloca abaixo de Adão e ampara a todos que transcendem a "supremacia" machista.

Pombagira não é o que você quer!

Não é o que você acha. Você não a desvela, é ela que se revela quando quer.

O lema: "Decifra-me ou devoro-te" da esfinge é palavra de ordem no mistério Pombagira.

"Faça o que tu queres, pois há de ser o Todo da Lei", de Aleister Crowley, é uma das formas de Pombagira lidar com o ser humano.

"Conhece-te a ti mesmo e conhecerás o universo e os deuses", a inscrição do Templo de Delfos dedicado a Apolo revela um dos caminhos para conhecer Pombagira, em si mesmo(a).

Nova Consciência

Antes de lançar *Exu não é Diabo*, já havia separado textos sobre Pombagira para este livro.

Exu não é Diabo mudou minha vida, foi o livro mais vendido da Madras Editora na Bienal do Livro de São Paulo, em 2018; esgotou a primeira edição em três meses.

Eu entendi minha responsabilidade de ensinar conceitos, fazer releituras e curar preconceitos. A palavra mata, mas ela também ressuscita, eterniza e traz uma nova consciência.

Nova consciência! Era isso que ficava na minha mente, a todos eu dizia: "Vou escrever um livro sobre a Pombagira", "Para quando?", "Para a próxima bienal!", "Mas já?", "Sim", era minha resposta pronta.

Como escrever sem inspiração? Impossível sair coisa boa, só de mim, para falar de algo que está além de mim.

A Pombagira, uma delas com quem tenho a honra de conviver, disse: "Você precisa de uma nova consciência para escrever sobre nós, antes disso você não escreve"!.

Dava um mini desespero, ansicdade, o que fazer? Nenhuma dica, nenhuma pista. Uma nova consciência? Mas como? Qual?

Relendo meus textos antigos sobre Pombagira, tudo me parecia tão infantil, tão repetitivo: "Por que a Pombagira bebe", "Por que a Pombagira fuma", "Por que a Pombagira incorpora", "Por que a Pombagira rebola", "Por que a Pombagira encanta", "Por que a Pombagira tem sete maridos", "Por que a Pombagira é do bem", "Por que homem tem Pombagira", "Por que Pombagira é da esquerda", "Por que Pombagira é de Umbanda", "Pombagira nua ou vestida", "Pombagira sensual ou vulgar", etc.; já estava tudo escrito, mas não era nada daquilo que a Pombagira queria para um novo livro.

Meu Mestre, Rubens Saraceni, em memória e saudade, já havia escrito *Orixá Pombagira*, pela Madras Editora, eu não escreveria para copiar ou ser repetitivo.

Ela falando em minha alma: "Novo livro, novo olhar, nova consciência".

Passei cinco meses esperando uma inspiração para escrever, de janeiro a maio de 2019. Sabia que ela também estava aguardando o momento certo para me passar algo.

No dia 21 de maio de 2019, ela veio, era outra Pombagira, como descrevi no texto "Sou a Deusa", eu a vi negra, nua, pele dourada, em minha cama, e não tinha nem tem nenhuma conotação sexual ou de provocação.

Que loucura: sua palavra, sentimentos e pensamentos tão fortes que minha mente foi tomada por aquelas ideias, era impossível sexualizar aquele instante.

Lembrei-me de Clarice Niskier interpretando a peça *Alma Imoral*, do livro de Nilton Bonder. Tão nua, forte de sentido, provocadora de uma nova consciência; tão visceral, que a sedução se dá por sua alma e ideias, não por formas ou conceitos hipersexualizados do corpo feminino na sociedade patriarcal.

De alguma forma me identifiquei com ela: aquele corpo era meu também. Eu também sou Ela; teve início a nova consciência.

Pombagira provocou e trouxe em mim um novo olhar, de dentro para fora, nela mesma.

Uma nova consciência é a consciência dela, mulher, Deusa, Pombagira em mim.

Além de ver o mundo com seus olhos, entender seu lugar de fala, seu universo, seu mundo, sua consciência em mim.

Após me virar do avesso, rasgar minha alma e explodir minha consciência, com palavras de fogo; passou o texto "Sou a Deusa". Ela toma minha consciência e fala na minha alma.

Ao fim dessa experiência, deu como sentença final: "Quer mais? Então estude Feminismo Negro".

O que é isso? Como ela faz isso e some?

Ela estava me preparando para a chegada de "Maria Preta", a Pombagira que vem tomando a frente de minha esquerda. Agora sei, foi ela,"Maria Preta", irreverente, debochada, rasgada, "nua" e "crua", "selvagem" quem disse NÃO, você nao vai escrever sobre nós, você precisa de uma nova consciência.

Feminismo Negro e Sagrado Feminino

Sagrado Feminino, por meio de sacerdotisas, literatura e ritual criou um universo em que a Deusa representa, para a mulher, conexão e consciência de si mesma, da natureza e sua divindade interior e exterior.

Feminismo é um movimento que já está em sua terceira onda, que teve muita repercussão nas décadas de 1970 e 1980 pela conquista de alguns direitos da mulher. Feminismo é muito mais que diretos iguais para mulheres e homens. "Feminismo é uma luta constante de mulheres e homens contra o machismo, o sexismo e o patriarcado".

Há quem pratique o sagrado feminino e desconheça o feminismo, assim como há feministas que desconhecem o sagrado feminino.

Há alguns anos, venho observando o sagrado feminino e procurando a Deusa em mim por meio das Mães Orixás. Todos e todas podem e devem buscar sua Deusa, independentemente de sexo ou gênero.

Parecia-me que faltava algo na estrutura intelectual do que se convencionou chamar Sagrado Feminino, ou faltava algo em mim para compreender com maior profundidade.

Agora, diante da Pombagira, eu vejo uma Deusa Dourada e ela exige: "Vá estudar o Feminismo Negro. Você precisa de uma nova consciência". Foi ela quem me estimulou, provocou, instigou a buscar esse saber, ou melhor, essa consciência.

Na livraria, de cara, me encantei com o Feminismo Negro. Abri o livro *O Feminismo é para Todo Mundo*,[7] de bell hooks; na página 13 está lá (grifo meu):

"Para acabar com o patriarcado (outra maneira de nomear o sexismo institucionalizado), precisamos deixar claro que todos nós participamos da disseminação do sexismo, até mudarmos a **consciência** e o coração; até desapegarmos de pensamentos e ações sexistas e substituí-los por pensamentos e ações feministas".

Essa é a nova consciência que eu buscava. Senti-me emocionado com suas palavras. Um choque de realidade: eu não sabia que não sabia. Achava que sabia, até tinha certeza:

"Feminismo é um movimento para acabar com o sexismo, exploração sexista e opressão".

Não sabia o que era feminismo, sexismo, patriarcado, racismo, colonialismo, sororidade, eugenia, supremacia branca.

O Feminismo traz um tipo de reflexão e consciência sobre o que é essa sociedade colonial, machista, racista e sexista de base patriarcal judaico-cristã.

O atual Feminismo Negro é possibilidade de conexão entre Umbanda, Sociedade Contemporânea e Sagrado Fe-

---

7. Ver referência completa do livro de bell hooks na nota 9.

minino. É uma chave, um novo olhar, uma nova consciência para mim.

A Deusa foi calada e expulsa de nossa sociedade, de nosso mundinho medíocre. A Umbanda pode fazer seu resgate, estabelecendo um Sagrado Feminino unido à reflexão social do feminismo, com o amparo de Oxum, Iemanjá, Nanã Buroquê, Iansã-Oyá, Obá, Oroiná-Egunitá, Logunan, Pombagira, Cabocla, Preta-Velha, Baiana, Cigana, Oriental. Ainda não temos ideia do poder e das possibilidades do Sagrado Feminino na Umbanda.

O Caboclo das Sete Encruzilhadas, por meio de seu médium Zélio de Moraes, disse: "Não basta fazer diferença neste mundo, vocês querem levar isso para o lado de lá". O Caboclo estava se referindo ao racismo presente naqueles senhores espíritas. O grito do Caboclo é o grito sufocado por séculos, a paciência do Preto-Velho é a sabedoria de quem aguardou séculos sem perder a esperança. Nós reduzimos essa questão social tão grave a apenas representações de linhas de trabalho na Umbanda. Perdemos a indignação com o processo racista na sociedade e com todos os outros processos discriminatórios em que os umbandistas deveriam ser os primeiros interessados. Não temos cultura para isso. Rezamos para o Caboclo e sabemos o quê sobre a condição dos povos nativos? Que opinião damos sobre demarcação de terras?

Se existimos como um "grito dos oprimidos", também devemos observar quem são os oprimidos, tomar consciência e assumir sentimentos, pensamentos, fala e atitude ativa em direção ao que a Umbanda pode fazer não apenas por nós, mas também por toda a sociedade.

E aqui a Pombagira é claramente o grito da mulher oprimida; o que sabemos sobre isso? Sobre o Feminismo, Sexismo, Machismo e Sagrado Feminino?

Pai Benedito de Aruanda, por meio de meu Mestre Rubens Saraceni, no livro *Guardião da Meia-Noite* diz que a linha de Caboclos é uma homenagem ao dono dessa terra, que foi dizimado, e a linha de Pretos-Velhos, uma homenagem ao africano que foi escravizado.

Será que é só isso? Pretas-Velhas e Caboclas, apenas representação e homenagem. Serve para dizer: fiz minha parte com a sociedade, bato cabeça, peço a bênção e acho tão bonitinha a Pretinha-Velha e a Cabocla que vêm para ajudar com as dores de meu ego e problemas particulares?

É no mínimo infantil romantizar reduzindo pessoas a coisas, é a coisificação e o distanciamento de nossa realidade social.

A Umbanda quando está, distante de uma consciência social dos arquétipos evocados na figura do índio, do negro ou da mulher, por exemplo, transforma pessoas reais e sua luta social em fantoches de um teatrinho de autoajuda.

É isso? Uma religião que reverencia os excluídos, marginalizados, subalternizados, diminuídos, oprimidos, serve apenas para pedir bênção, conselho e passe? Também reverencia e, ao mesmo tempo, reduz e banaliza coisificando sua essência?

Não é possível que a Umbanda não produza consciência social, olhar contemporâneo, entendimento de quem sofre discriminação, preconceitos; quais preconceitos específicos estão presentes e enraizados de tal forma na sociedade que passam despercebidos?

Feminismo Negro e Sagrado Feminino, aqui, representam a união de todas essas realidades por meio de uma consciência que dê conta de entender onde estamos entre sociedade, Umbanda e sagrado feminino. É um lugar de olhar, lugar de escutar, lugar de servir e lugar de falar para mulheres e homens que aprenderam seu lugar de fala.

Que homens, mulheres e pessoas de todos os gêneros, de mãos dadas, possam se conscientizar de sua condição na sociedade, diante de tanto preconceito, sexismo, racismo, patriarcado, colonialismo e LGBTfobia.

Vamos curar nossas dores, mas não apenas as "nossas", vamos juntos curar as dores sociais em nós e na sociedade. Curar em nós o que causa dor no outro, reconhecer quando reproduzimos ódio e violência gratuitos. Conscientizar-nos de que todos perdem quando um perde.

Feminismo Negro associado ao Sagrado Feminino aqui é proposta de consciência de gênero, raça, classe e estrutura social. É atitude ativa permanente contra o que oprime ou diminui qualquer ser humano.

Consciência Umbandista

"Em uma sociedade racista, não basta não ser racista, é preciso ser antirracista" (Angela Davis).

Diante das desigualdades sociais, não basta tratar as pessoas com igualdade, é preciso tratá-las com equidade.

As pessoas não são iguais, dizer que são iguais é o mesmo que falar: "não quero ver as diferenças nem as discriminações, os preconceitos e intolerâncias da sociedade".

Ver diferenças e privilégios dá trabalho, é um convite para sair da zona de conforto.

Quando não sabemos o que é Umbanda ou Candomblé reproduzimos o preconceito ao chamar tudo de macumba. Quando não sabemos que o sacrifício animal é um abate religioso de animais que servem ao consumo da comunidade, como aqueles que estão no açougue, reproduzimos o preconceito acusando o outro de fazer "Magia Negativa" com o sofrimento dos bichos. Isso também existe, mas não se trata das religiões tradicionais de matriz africana.

Quando não sabemos o que é racismo, reproduzimos comportamento e fala racista sem nos darmos conta. As palavras mal empregadas denunciam isso, sem que você perceba. Isso fica gritante para quem já tem consciência negra, que é para todos uma consciência de que existe um racismo que permeia e se esconde de forma muito cruel em toda a sociedade.

Podemos falar o mesmo do machismo e do feminismo, não nos damos conta do que é o machismo pelo fato de que já estamos muito acostumados com a visão distorcida sobre o que é mulher. A mulher não é frágil, a sociedade a torna assim para ela não ter força diante do homem; cozinha e lavanderia são lugares de homens e mulheres; cuidar dos filhos é responsabilidade do pai e da mãe; se uma mulher é livre afetivamente ela tem o mesmo valor de outra que escolhe a castidade; virgindade não é sinônimo de caráter, muito menos de dignidade ou qualquer outro valor. O rito do casamento é um ritual de posse em que, no modelo tradicional católico, copiado para a Umbanda, o pai, proprietário, da filha, a entrega para o noivo, seu novo proprietário, e a partir daí a sociedade considera que ambos têm obrigações um para com o outro, de casal. Na memória da sociedade, a mulher continua tendo a carga maior de obrigações, e pesa sobre ela o olhar do falso moralismo e hipocrisia social. Se essa mulher escolhe uma vida de solteira, é dito: "ficou para titia".

Todos já ouviram as frases e expressões: loira burra, mulher é falsa, mulher não tem amiga, tem mulher que dá motivo para apanhar, se acabou depois dos filhos, já sabe cozinhar já pode casar, trocou uma de 40 por duas de 20, mulher que bebe não presta, só engravida quem quer. E também adjetivos do mundo animal como: essa mulher é uma vaca, galinha, potranca, cavala, cadela, etc.

Precisa dizer mais? Feminismo é a consciência de todos esses machismos, de origem patriarcal, chamados de sexismo. Quando não temos essa percepção somos machistas, mesmo que passivos.

Agredir fisicamente é um extremo, há sutilezas perversas na sociedade, que passam despercebidas principalmente para quem não é mulher, gay, lésbica, trans, negro, índio ou nordestino na região Sul do país.

Sim, é preciso um dia do índio, porque todo dia deveria ser do índio, mas não é; todo dia deveria ser da consciência negra, mas não é; todo dia deveria ser do orgulho LGBTQIA+, mas não é. Ao sair do templo, qual consciência da realidade da negra e do negro, índia e índio, nordestinas e nordestinos no Sul, velhas e velhos, crianças abandonadas, da mulher na sociedade e da mulher negra e índia em específico? O que sabemos? Qual consciência temos?

Falta uma "Consciência Umbandista" que reúna consciência negra, consciência indígena, consciência feminina, consciência dos oprimidos em nosso mundo fora do terreiro.

Magia Negra

Magia Negra é o quê? Magia do mal? Magia do capeta, tinhoso, capiroto, cramunhão? Acostumamo-nos com palavras e um certo valor atribuído a elas sem questionamento.

Magia Negra é a Magia do Negro, e tudo que é negro já foi sinônimo de coisa ruim, do mal, negativo, degradante, perverso, atrasado, etc., por mais que alguma coisa tenha mudado, ainda é pouco. Parece sutil e é; no entanto, é nessa "sutileza" que mora o racismo, que ele se esconde, que passa despercebido para quem não é negra ou negro. É urgente uma correção dessa linguagem de significados racistas.

Se palavras com significado degradante insistem em permanecer em nosso vocabulário, aí está o racismo e ninguém assume ou se dá conta. Muitas vezes, ao alertar, ouvimos: está chato! Se está chato para quem apenas ouve sobre isso, imagina como está chato para quem sofre há gerações e séculos após ser tratado como coisa. E ainda hoje é coisificado em meio a palavras distorcidas com seus significados pejorativos de raça e etnias.

Negro é etnia, raça, Magia Negra é a Magia do Negro. Precisamos ressignificar palavras construídas a partir da realidade colonial patriarcal racista e escravagista. Não podemos mais aceitar que Magia Negra é sinônimo de Magia do Mal. Magia Negativa deve ser o termo correto.

Magia Negra deve ser a Magia da Negra, o que há de mais forte em sua magia é o poder da palavra, a importância do verbo, da entonação e significado com valor atribuído. Sua palavra e sua magia se aplicam em rezas, fórmulas mágicas, encantos e feitiços.

Na cultura mágica religiosa de todas as diversas tradições negras africanas, a palavra é reconhecida como veículo de axé (poder de realização), portadora de encanto e encantamentos, ferramenta de feitiço e cura.

O entendimento desse poder é o suficiente para observar a importância da palavra.

Esse saber é uma Magia Negra, Magia de Encanto, Fascínio e Beleza.

Saber quais palavras devem ser evitadas é o mínimo para leigos que têm um vago olhar na superfície do mistério que envolve a palavra.

Ao pronunciar algo, você é aquilo; saber parecido se encontra na cultura hindu, na qual a repetição das palavras induz ao transe místico por meio das técnicas do mantra. O tom, timbre, frequência, intenção, interpretação, sentido do som e sua construção são matéria de milênios de estudo nessas duas culturas.

A cultura ocidental banalizou o poder da palavra, a igreja sacralizou o latim, e demonizou os demais idiomas como profanos; algo semelhante ocorreu com o hebraico para os judeus, o sânscrito para os hindus e o yorubá para nigerianos.

Toda palavra e todo idioma têm seu poder, atribuído pelo respeito que um mago, feiticeiro ou sacerdote carrega em cada uma de suas notas, assim como as construções musicais dessas tradições.

A Umbanda canta e reza em português e ensina o poder da palavra falada.

Não banalizar a palavra é não banalizar seu sentido; a palavra é usada para determinar o que somos e quem são os outros.

Por isso, vamos nos atentar ao uso ordinário empregado por certas palavras que persistem em alimentar e manter uma relação de poder e subjugação entre mentalidade colonial, patriarcado branco e o negro, ao reduzi-lo a um inconsciente coletivo, enquanto toda uma população consciente ou inconscientemente reproduz valores racistas, que permeiam o mundo contemporâneo.

Wittgenstein diz que "as fronteiras da minha linguagem são as fronteiras do meu universo". Um feiticeiro diz que a palavra determina o que você é e reduz o outro ao que você pronuncia para ele. Esse é o poder do fcitiço, muitas vezes para empoderar a palavra você reza para a divindade e usa uma semente sagrada na boca ao pronunciar.

É assim que, ao chamar uma mulher de **mulata**, você a reduz a uma mula, a um animal híbrido, a uma mestiça, mistura de duas raças, uma superior com uma inferior.

Ao considerar que **denegrir** é um ato de diminuir algo, você afirma que quanto mais negro menos bonito, menos importante, menos confiável, menor em todos os sentidos.

Afirmar que alguém é **escravo** o reduz a algo como um bicho domado, domesticado e sob controle. O africano não foi escravo, ele foi escravizado.

Chamar um ser humano de **macaco** é sempre com intenção de ofender, agredir, injuriar, diminuir, reduzir alguém a uma coisa, um bicho, um símio.

Pior ainda quando assume a forma de "racismo recreativo", pior quando ironiza, quando se esconde por meio de uma pretensa liberdade de expressão que seja do humorista profissional à piada infame de seu amigo ou parente. Personagens como Mussum, Tião Macalé e Vera Verão fizeram parte de um tempo em que o humor de programas como *Os Trapalhões* e *A Praça é Nossa* reforçava o racismo e o sexismo. Em minha infância, em escola pública, era certo chegar a segunda-feira e ver meninos e meninas negros serem hostilizados, comparados aos personagens citados, os estudantes repetindo as "piadas" de mau gosto e agredindo em função do gênero, do cabelo, da cor da pele. Crianças repetindo o que os adultos faziam como entretenimento de massa, em um canal de concessão pública em horário nobre.

Lembro-me ainda de uma fala que me marcou para sempre, em torno de 1995, aos 21 anos. Eu branco, na casa de um amigo branco, com outros amigos brancos e sua mãe branca, sentados à mesa sendo servidos por uma senhora negra. A mãe do amigo tentava dizer o quanto tinha apreço por aquela trabalhadora do lar, desdobrando-se em elogios vazios e frios, citando anos de trabalho em sua casa dedicados à sua família, dizendo inclusive que era "como se fosse da família". A senhora negra, visivelmente cansada dessa falácia de décadas, servindo à mesa não tinha nenhum olhar de empatia com a "patroa", nenhum sorriso e nenhuma palavra. Eu já estava envolvido com a Umbanda e aprendendo a interpretar palavras, atitudes corporais e olhares. Foi então que a "patroa" fez o "elogio" derradeiro, o último golpe contra a mulher negra, afirmando: "esta é uma negra de alma branca". Ali entendi meu desconforto inicial, perdi o chão, mas infelizmente fiquei sem ação e sem palavras, só queria sair dali. Hoje não me calo mais, no entanto demorei a aprender meu lugar de fala.

O racismo é um sistema perverso que envolve toda uma nação, e tem por motivo manter um grupo racial (étnico) em posição inferior e subordinado ao outro. De maneira consciente ou inconsciente, isso é mantido por meio de conceitos, sentimentos, pensamentos, palavras e ações que determinam comportamento e hábito racista. É preciso descolonizar as mentes brancas, negras, amarelas e vermelhas. A quem interessa essa cultura de opressão?

A quem interessa manter relações de opressão? A quem interessa manter o negro subalterno? Quem se incomoda em ouvir sobre isso? Quem pede para não falar mais sobre isso?

Se incomoda ouvir sobre feminismo e racismo, imagine o quanto incomoda sentir na pele e em suas entranhas a discriminação e o preconceito constantes, estruturados no sistema social como um vírus, um câncer que se espalha, enquanto muitos dizem: não precisa tratar, pare de cuidar e quem sabe se resolve sozinho.

Essa terra foi roubada de seu dono, seu povo foi dizimado em um holocausto, seus bens naturais foram saqueados, outro povo foi escravizado e agredido de todas as formas, arrastado para cá por força de morte, extermínio e estupro de suas vidas e corpos.

Tudo isso realizado por coroas imperiais e a igreja. Hoje se reconhece o crime? Onde está a indenização?

Prescreveu? Três ou quatro gerações? E quando se fala em demarcação de terras indígenas ou sistema de cotas para negros em universidades parece um absurdo?

Onde está a consciência negra? Consciência branca? Consciência indígena? Existe uma consciência umbandista?

Aprenda essa Magia Negra, Magia da Palavra, Magia da Cultura, Magia de Conscientização!!! Magia de descolonização.

Empodere-se de cultura, história e acima de tudo se empodere da arte de descolonizar nossas mentes desse universo racista, machista, imperial, sexista, branqueador e, infelizmente, judaico-cristão patriarcal.

Medo da Pombagira

Sempre foi e é um drama a relação do homem com a Pombagira, muitos têm medo de afeminar-se ao ter contato com ela. A mulher não tem medo ao incorporar Exu, nunca ouvi falar que a mulher se masculinizou nesse contato com Exu.

Medo de incorporar Pombagira ou de afeminar-se é única e exclusivamente um comportamento machista, sexista e misógino, incutido por meio dessa sociedade patriarcal, preconceituosa e homofóbica.

Pombagira não faz ninguém se tornar o que já não é. Caso alguém esteja enrustido, dentro do armário, mal resolvido, ela vai ajudá-lo a encontrar a si mesmo, revelar sua verdade, ir ao encontro da realização íntima e plena de seu ser, sua sexualidade, seu gênero, não importando mais a hipocrisia alheia.

Pombagira empodera homens e mulheres a viver no mundo externo a mesma verdade que está em seu íntimo, na alma, não importa qual verdade seja essa. Ela ajuda e ajudou muito homem a se tornar homem, muita mulher a se tornar mulher e também muito homem a se tornar mulher e muita mulher a se tornar homem, quando esse é o desejo mais íntimo e verdadeiro naquele ser humano.

O homem incorporar a Pombagira é privilégio de ver o mundo com os olhos de uma mulher. Conhecer melhor esse universo feminino, tão desconhecido para homens que costumam reclamar dessa dificuldade. É oportunidade de crescer como ser humano, abandonar preconceitos e ideias machistas.

Há anos eu falo da importância de homens incorporarem e conhecerem sua Pombagira, de ter um contato íntimo com esse universo feminino e, assim, aprender a conhecer e respeitar mais a mulher.

Depois que recebi a visita da Pombagira mensageira da Deusa Dourada, eu me vi "discutindo a relação" com minhas Pombagiras.

A escrita deste livro fez verdadeira revolução entre minha alma e meu corpo no mundo, minha cabeça pirou de tanta informação, a Pombagira literalmente dançou na minha cabeça e girou sua saia da verdade em todas as relações pessoais.

Minha relação com Pombagira mudou completamente, passou a ser de proximidade, intimidade, troca, amor e cura para minhas dores e crenças limitantes, cura do machismo estrutural que atravessa todos os nós em mim, minha gratidão no meu ser!

Pombagira Comparada a Outras Divindades

O nome Pombagira vem de Pambu Nzila, que é uma divindade da cultura Bantu (Angola – Congo), presente na língua quimbundo e suas variações. Um inquice é como um Orixá, assim como um vodum na cultura jeje que fala o fon. Igualmente podemos comparar com divindades de outras culturas.

Na cultura Nagô Yorubá, muitas vezes se fala de uma Mãe Orixá Iya Mapô, Amapô ou Iya Obo, Orixá Mãe da vagina, do sexo, sexualidade, sensualidade, da mulher. Sua origem e presença é controversa, uns dizem que existe, outros negam sua existência. Independentemente de desencontros de fundamento cultural ou dogmático do Candomblé ou cultos de nação existe um fato: se você entender que ela existe e prestar culto, reverência e relacionamento com o que ela representa, a divindade responde e você reconhece nela a Pombagira. Diante dos mais tradicionalistas, só podemos dizer que o culto a centenas de Orixás se perdeu e assim, provavelmente, foi com Iya Mapô. Ainda na mesma cultura de Orixá, existem as queridas e temidas Mães Feiticeiras Iyamins, há uma sociedade secreta feminina, Geledê, que promove seu culto e estabelece um relacionamento de empoderamento feminino com as Iyamins e as Mães Orixás, também mantenedoras do mistério.

A mais conhecida de todas é a temida Iyamin Oxorongá, a senhora do pássaro da noite. Ao ouvir seu nome, quem está de pé deve se abaixar e quem está sentado deve se levantar; todos demonstram respeito e reverência.

Pombagira também é uma Iyamin, também é uma Mãe Feiticeira, às vezes oculta, às vezes por outros nomes e às vezes aceita como Orixá Pombagira. Vamos ver outras divindades que manifestam energia muito similar à Pombagira:

Kali, a Deusa Negra hindu, traz qualidades de Oroiná, Egunitá e também de Pombagira. Suas guardiãs se mostram de forma idêntica às Pombagiras, inclusive com a pele avermelhada. As imagens de Kalis nuas e vermelhas nos lembram algumas das Naturais de Pombagira, entidades não humanas que habitam uma dimensão ou reino regido pelo Orixá Pombagira.

Astarte, divindade sumeriana e babilônica, representa tanto o amor quanto a paixão, seu nome quer dizer "O Ventre", ela é associada ao Planeta Vênus, a Estrela Matutina. Aparecia nua montada em uma leoa, segurando em uma mão um espelho e em outra uma serpente. Com a expansão do patriarcado judaico, seu nome foi deturpado para **Astoré**, "coisa vergonhosa", e ela foi considerada um demônio babilônico, assim como todas as outras Deusas; suas cores são o branco e o vermelho, representando o sangue e o sêmen.

Lilith, também deusa babilônica, mais popular que Astarte, é uma mãe do amor, da sexualidade e da força feminina. Nas escrituras judaicas, no Talmude, ela aparece como a primeira esposa de Adão, que por não aceitar ser submissa foi trocada por Eva. Essa é a história machista que criaram para condenar Lilith – a Deusa – ao inferno, por não aceitar ser submissa a um mortal. Lilith também é chamada de **Lua Negra**, aparece como uma força ligada à sombra da mulher e do homem muito estudada na astrologia. Ao entender que planetas têm relação com divindades podemos identificar a Lua com Lilith, com Pombagira e ainda reconhecê-la em todas as fases e em seu lado oculto.

Asherat, Assera, Ashera ou Alzira é a Deusa Mãe semita, a Mulher de El, Elohim e YAWE (JAVÉ). É a Deusa que foi sufocada, calada, perseguida, caluniada, vilipendiada, por fim, assassinada e condenada ao inferno por seus filhos, semitas exilados na Babilônia, criadores do patriarcado. Foram os "sábios" que organizaram os textos sagrados, enterraram a mãe teologicamente, renegaram sua maternidade e se proclamam filhos apenas do Pai. Renegam a mãe e criaram um mundo onde apenas o Pai e seus filhos homens têm o poder da fala e da ação. A Mãe foi excluída, suas filhas caladas, em submissão devem rezar apenas ao Pai e ensinar seus filhos que não existe Deusa Mãe. O Pai sozinho engendrou-se, gerou sem a Mãe, tornou-se Pai sem uma Mãe. Asherat que troca El por Javé representa muita força, altivez e liberdade; mais uma vez o medo toma conta da história. Usando de sua força física mais a estrutura cultural e social, o patriarcado mata a Deusa; no entanto, como matar o que não pode morrer? Ela volta em Pombagira e em todas as outras Deusas. O tempo não importa para ela, para nós fica o desejo de tê-la sempre por perto.

Nêmesis também teve sua imagem deturpada, era originariamente uma guardiã do mundo dos mortos e executora da justiça de Themis, castigando os mortais transgressores.

Hécate, Senhora da Magia e da Noite, assim como todas as outras deusas que trabalham o negativo, o escuro ou as paixões, tem relação com Pombagira e é igualmente deturpada. Filha dos titãs Perses e Astéria, era cultuada nas encruzilhadas, assim como Trívia. Faz parte dos mistérios de Elêusis por ter uma relação de muita proximidade com Perséfone e Deméter.

Ajudou Perséfone a procurar sua filha Deméter quando esta foi sequestrada pela divindade do mundo subterrâneo Hades; na ausência de Deméter, assume o posto de Rainha do Érebo.

Bastet, Sekhmet e **Hator** são três divindades egípcias relacionadas ao amor e às paixões. Bastet possui cabeça de gato, Sekhmet cabeça de leoa e Hator a beleza da mulher. As três trazem qualidades de Oxum e Pombagira, uma relação muito estreita sempre que relacionamos amor com Oxum e paixão com Pombagira. Ao comparar divindades, nem sempre encontramos divindades de única essência, é comum nos depararmos com uma divindade que em sua cultura traz qualidades de duas ou mais divindades de outras culturas.

Deusas da Noite, também costumam chamá-las de Deusas Negras, mas como muitas não possuem a pele negra, o mais correto é identificá-las como Deusas da Noite. São Deusas do negativo, do escuro, da noite, das trevas, algumas são Deusas de Pele Negra. A Deusa está em minha Luz e em minhas Trevas; no dia e na noite; habita meu ser e vai aonde for em busca de uma filha ou um filho. Nossa visão de mundo maniqueísta e dualista costuma demonizar noite, sombra e trevas. Em tudo está o humano e o divino, as divindades habitam luz e trevas, e são aquelas que se estabelecem nas trevas que nos ajudam a lidar com nossas sombras.

As Deusas da Noite estão em nossa noite interior, em nossas trevas, são elas que podem entender e curar nossas sombras. A ignorância do patriarcado dualista, entre bem e mal, condena ao inferno tudo o que não entende. Olhar nossas trevas interiores é o caminho mais seguro para entender nossas dores; culturas de repressão renegam a própria sombra, reprimem os vícios, criam demônios pessoais e confundem seus demônios com as Deusas da Noite.

Pombagira é Deusa Negra e Deusa da Noite, que está na luz e nas trevas, está em todo lugar, e essa é sua dualidade. Além das deusas já citadas também são Deusas da Noite:

Hel, Deusa nórdica e Rainha do mundo subterrâneo.

Inanna, Deusa sumeriana do amor e da guerra.

Macha, Deusa irlandesa das dores do parto e da morte.

Morrigan, Deusa irlandesa da guerra e da morte.

Rhiannon, Deusa britânica, Rainha do Mundo Subterrâneo.

Hannya, Deusa japonesa considerada um dos demônios Oni; a lenda diz que Hannyas são mulheres que, por conta de atitudes machistas, desceram às trevas e dali protegem quem precisa de sua força feminina terrível e assustadora, como um demônio para os seus contrários.

Nix, Deusa grega da noite, matrona de sacerdotisas e feiticeiras.

O objetivo deste texto foi mostrar algumas das divindades que podem ser associadas à Orixá Pombagira e, mais uma vez, lembrar como a tradição patriarcal judaico-cristã demonizou o que não conseguiu dominar.

Estudar e conhecer as Deusas da Noite e as Deusas Negras fora da África, como Kali hindu, são formas de nos aproximarmos da Deusa Mãe Maior, da Deusa Pombagira, das Deusas da Noite e das Deusas Negras Mães Orixás e outras Mães que nos acolhem a partir de nossa alma, na luz ou nas trevas de nosso próprio ser a caminho de casa ou de encontrar a si mesmo, revelam sua verdade, ser quem você é na vida e na eternidade. Essa é uma lição da Deusa, uma lição da Alma.

Pombagira é Mãe?!

Toda mulher é mãe em potencial, toda mulher, mesmo que não tenha dado à luz um filho biológico, pode ser mãe adotiva, postiça, emprestada e, de qualquer forma, sempre que uma mulher cuida de um filho é mãe.

Quantas mulheres são um pouco mães de seus companheiros ou companheiras, quantas filhas se tornam mães de suas mães? Isso quer dizer que, se formos para além do conceito biológico, o que chamamos de mãe é algo muito amplo.

Pombagira é ou pode ser mãe?

Claro que sim, no entanto, pelo fato de que a sensualidade é muito forte em Pombagira, lhe é negada a qualidade mãe. Mas negar que Pombagira é mãe é o mesmo que afirmar a perda da sensualidade feminina no momento em que a mulher se torna mãe. É como se a mãe deixasse de ser mulher ao menos em um de seus aspectos mais fortes no que diz respeito ao feminino, sua sensualidade.

Uma mulher pode ser sensual e ser mãe ao mesmo tempo?

Esse é o reflexo da hipocrisia, é o pensamento machista e patriarcal de dominação do homem sobre a mulher.

O que é sensual e o que é vulgar?

É certo que muitas Pombagiras podem se negar a ser chamadas de mãe, não que elas não o sejam, mas que provavelmente se negam a ser o que você acha que deve representar o modelo de "mãe".

Aquilo que identificamos como modelo ideal da "mãe" é a imagem de Iemanjá, senhora deste mistério na criação: "a mãe". No entanto, todas as Orixás são mães, tanto a guerreira Iansã como a sensual Oxum.

As Pombagiras são nossas guardiãs e protetoras com qualidades bem específicas, essas qualidades são divinas e pertencem a uma divindade feminina, Orixá Pombagira.

Se existe uma divindade regente desse mistério "Pombagira", então posso dizer que Pombagira é mãe também. Ao menos a Divindade, o Orixá, é mãe. Quanto às entidades Pombagiras que incorporam e trabalham com seus médiuns (homens e mulheres), deixo para você me responder se são ou não nossas mães. Mães da sensualidade, mães do desejo, mães do estímulo, mães da altivez, mãe da força feminina, mãe do empoderamento e, acima de tudo, mães de filhas e filhos que as procuram em si mesmos.

Precisamos de todas as nossas mães, cada uma delas nos dá ou empresta qualidades diversas e únicas para nosso crescimento, nenhuma mãe fica de fora ou à margem.

Laroyê Pombagira
Salve minha Mãe Orixá Pombagira e
Salve minhas mães guardiãs e protetoras!!!

Observação: embora gere muito estranhamento identificar "Orixá Pombagira" para alguns, convido os mais resistentes para esta reflexão:

Se a gente não conhecesse o Orixá Oxóssi, poderíamos tranquilamente chamá-lo de Orixá Caboclo e ele mesmo responderia. Assim como foram idealizados Iofá e Yorimá para um "Orixá Preto-Velho" que é Obaluaiê. A forma de se relacionar com as divindades, os Orixás, ainda é incógnita e um mistério para nós. Se eu não conhecesse Ogum, mas elevasse o pensamento ao "Orixá da Guerra" ou à "Divindade da Lei", mesmo sem conhecer seu nome ele responderia, com certeza Ogum responderia. Sim, temos todos nós muito a aprender sobre os mistérios de Deus e como nos relacionar com eles. E pôr ponto-final à frase: "Para quem quer entender, poucas palavras são necessárias, e para quem não quer entender, nenhuma palavra basta".

Assim como na história das religiões existiu o momento em que pessoas inspiradas trouxeram o culto a novas divindades, é possível renovar o culto às antigas divindades desconhecidas por meio de nomes que se tornem referência das qualidades e mistério divino que cada divindade traz em si.

Isso faz parte da ciência teológica mais profunda que combina ciências da religião, teologia comparada e fundamenta esse fato. Reconhecer que está em Deus uma divindade ancestral desconhecida para nós, por meio de um novo nome, é algo natural e repetitivo nas diversas religiões que trazem o culto à pluralidade das divindades de Deus.

Uma vez ouvi um amigo dizer:
"Certo é o que funciona".

Eu cultuo, amo, reverencio e me relaciono com uma Divindade que aprendi a chamar de Orixá Pombagira e isso é muito bom!

Nomes de Pombagira

Falar sobre os nomes das entidades de Umbanda evoca o estudo de alguns conceitos e a quebra de tabus, dogmas e paradigmas relacionados a nomes.

Há muitos mitos sem fundamento sobre Pombagira e seus nomes que circulam na Umbanda. Alguns acreditam que a data de nascimento pode revelar seus orixás e guias, creem em um número limitado de Pombagiras, acreditam em Sete Linhas de Umbanda com uma única Orixá Mãe (Iemanjá) e que Pombagira é seu Exu Mulher. Mitos outros, como homem não ter Pombagira, que há nomes de Pombagiras de Lei e outros nomes para as outras que não são de Lei. Umbandistas fizeram o desfavor de falar mal e publicar livros que degradam a imagem de Pombagiras, como Padilha, Mulambo, Rosa Caveira e Sete Saias em específico. São livros com conceitos fracos e construções teológicas sem fundamento algum. Livros de autores, homens machistas que reproduzem o patriarcado dentro da Umbanda. Homens umbandistas que desqualificam a mulher sacerdotisa, mágica, feiticeira e repetem preconceitos com relação ao sangue menstrual que sabemos sagrado. Onde houver um discurso que considere o que é sagrado algo sujo ou negue sacerdócio à mulher e divindade à Deusa, ali está uma marca do patriarcado machista, ignorante e infeliz.

Existem muitos nomes de Pombagira, boa parte deles são nomes conhecidos, mas outra parte é de nomes desconhecidos. Há Pombagiras que usam nomes fictícios, porque não querem revelar seus nomes por conta do ambiente ou de seus médiuns (quando falam demais o que se deve calar). Por isso, nem todas as Pombagiras têm ou devem ter nomes conhecidos.

Não há como falar de interpretação dos nomes de Pombagira sem falar do Mistério Pombagira, e que na Umbanda elas formam uma linha de trabalhos à esquerda que faz par natural com a linha de Exus; no entanto, existe um Orixá Exu que ampara aquela linha, assim como há um Orixá desconhecido que ampara a linha de Pombagira, identificado na literatura de Rubens Saraceni como Orixá Pombagira.

Há uma Orixá Pombagira Divindade/Trono de Deus que se desdobra em divindades menores, que podem ser relacionadas aos sete sentidos da vida (Sete Linhas de Umbanda) e aos 14 Tronos de Deus (Orixás).

Observe que essa é apenas uma forma umbandista de organizar, adaptar ou acomodar o Divino e o Sagrado segundo uma visão e leitura de mundo a partir do mistério do Número Sete – Sete Linhas de Umbanda. Essa relação é possível, mas não deve encobrir o fato de que existem muito mais que 14 ou 16 Orixás; seu número é infinito, assim como infinitas são as qualidades da Deusa e do Deus. Nossa organização de ideias e conceitos serve apenas para facilitar um estudo e relacionamento com os mistérios da Deusa e do Deus.

Podemos dentro desse conceito estabelecer uma hierarquia divina para Pombagira:

Deusa Mãe Maior
Orixá Maior Pombagira
Pombagira Guardiã da Fé (Cristalina)
Pombagira Guardiã do Amor (Mineral)
Pombagira Guardiã do Conhecimento (Vegetal)
Pombagira Guardiã da Justiça (Ígnea)
Pombagira Guardiã da Lei (Eólica)
Pombagira Guardiã da Evolução (Telúrica)
Pombagira Guardiã da Geração (Aquática)
Pombagira Guardiã dos Mistérios de Oxalá
Pombagira Guardiã dos Mistérios de Logunã
Pombagira Guardiã dos Mistérios de Oxum
Pombagira Guardiã dos Mistérios de Oxumaré
Pombagira Guardiã dos Mistérios de Oxóssi
Pombagira Guardiã dos Mistérios de Obá
Pombagira Guardiã dos Mistérios de Xangô
Pombagira Guardiã dos Mistérios de Iansã
Pombagira Guardiã dos Mistérios de Ogum
Pombagira Guardiã dos Mistérios de Egunitá
Pombagira Guardiã dos Mistérios de Obaluaiê
Pombagira Guardiã dos Mistérios de Nanã Buroquê
Pombagira Guardiã dos Mistérios de Iemanjá
Pombagira Guardiã dos Mistérios de Omolu

Essas são as Guardiãs Maiores, Regentes Planetárias, Tronos Intermediários do mistério Pombagira para os Sete Sentidos e para os 14 Orixás, são seres mentais e consciências planetárias.

Abaixo das Guardiãs Maiores, estão as Pombagiras que incorporam nos terreiros e que se relacionam com suas filhas e filhos, médiuns de Umbanda ou não.

Nossa leitura e interpretação dos nomes segue a linha de raciocínio da obra de Rubens Saraceni e da Teologia de Umbanda revelada por ele. Por exemplo, Maria Mulambo vamos interpretar conforme encontramos no título *As Sete Linhas de Umbanda* (Rubens Saraceni, Madras Editora); temos: Maria = Oxum; Mulambo = pessoa malvestida, de aparência deprimente e miserável. Ela é uma Pombagira de Oxum, atuando na irradiação de Omolu. Atua sobre os espíritos degradados ou que perderam seus bens divinos (amor, fé, conhecimento, etc.), os abandonados da vida que estão no campo da morte. Ela agrega ao seu mistério os espíritos que "conceberam" de forma errada ou que afrontaram os princípios da vida e, assim, perderam a noção de seus valores maiores.

Ainda assim, é possível ser uma Maria Mulambo das Matas, Maria Mulambo das Pedreiras, Maria Mulambo dos Caminhos, Maria Mulambo Rainha, e sua interpretação ganha novas nuances de elementos e divindades associadas.

O número Sete, por exemplo, representa uma entidade que trabalha nas Sete Linhas e que conquistou um grau no mistério de Oxalá. Como Pombagira Sete Rosas: rosas são de Oxóssi e Oxum, mas ela pode ser Sete Rosas Vermelhas ou Sete Rosas Pretas, o que gera mais qualidades de Ogum ou de Omolu; nem sempre o médium sabe o nome completo de sua Pombagira, o que fica faltando para uma interpretação mais completa.

Dessa forma, surge uma grande quantidade de nomes como: Maria Padilha das Almas, Maria Padilha do Cruzeiro,

Maria Padilha das Matas, Maria Padilha da Encruzilhada, Maria Padilha das Porteiras, Maria Padilha das Pedreiras, etc. Por isso também se justificam tantas "Marias Padilhas", tantas "Marias Mulambo", tantas "Marias Sete Saias". Nem todas trabalham no mesmo campo, embora tenham um mesmo mistério raiz: Maria, Padilha, Mulambo, Saia, etc.

Mas vamos, então, a alguns nomes:

A
Ar = Iansã
Arco-íris = Oxumaré

B
Brasa = Xangô e Ogum
Buraco = Omolu

C
Calunga = Obaluaiê
Caminhos = Ogum
Capa = Oxalá e Logunã
Caveira = Omolu
Cemitério = Obaluaiê
Cheirosa = Oxum
Cigana = Logunã e Egunitá
Cobra – Oxumaré
Cores = Oxumaré
Coroa = Oxalá
Cruzeiro = Obaluaiê

D
Dama = Oxum

E
Encruzilhada = Ogum e Exu

Estrada = Ogum

F

Figueira = Oxóssi
Fogo = Egunitá

G

Gargalhada = Oxumaré
Gira = Iansã
Graciosa = Oxum e Oxumaré

L

Lagos = Nanã
Lama = Nanã
Lodo = Nanã
Lua = Logunã, Omolu e Iemanjá

M

Mar = Iemanjá
Mangue = Nanã
Menina = Oxum
Montanhas = Xangô
Mundo = Oxalá

N

Navalha = Ogum
Noite = Omolu

O

Ondas = Iemanjá, Iansã, Oxumaré

P

Padilha = Logunã
Pântano = Nanã
Pedra = Oxum e Oxalá

Pedreira = Iansã
Pó = Omolu
Porteira = Obaluaiê
Praia = Omolu
Punhal = Ogum

R

Rainha = Iemanjá
Rios = Oxum
Rosas = Oxóssi e Oxum
Rua = Ogum

S

Saia = Logunã

T

Tempo = Logunã

V

Vento = Iansã
Véu = Oxum

Pombagira

por Vera Cumino

Psicografia Pombagira.
Pombagira, mulher igual a você.
De dia doméstica da casa, babá dos filhos, lavadeira do marido, cozinheira da família.
À noite, sedutora, amada, conselheira. Olha-se no espelho e se enfeita para ela e para o mundo.
Pombagira se desmistificando, enxergando sua essência, sua grandiosidade e seu valor.
Pombagira de Sete Maridos. Sim, sete realidades dando conta de tantos universos. Mostrando essa faceta que o feminino tem de entender tanta diversidade.
Pombagira Orixá da fé, amor, justiça, lei, alegria, encontro e desencontro, aconchego, da transformação, construção e desconstrução.
Pombagira sempre acolhendo quem precisa de direção.
Todos temos a Pombagira no interior, em maior ou menor grau. A dificuldade está em aceitar esse sentimento. Ao mesmo tempo parecendo frágil e forte em sua essência.
Pombagira vem para nos mostrar que já é hora de cair a máscara e de nos unirmos, pois só assim a humanidade ganha. Somos seres que nascemos para nos completar e não para competir.

Necessitou de muito tempo para uma figura masculina entrar neste universo tão incompreendido. Para tanto, teve de mergulhar em seu interior e lá buscar a delicadeza do ser.

Gratidão, Alexandre, por mais essa sensibilidade em conseguir nos passar a real visão de Pombagira, desmistificando-a do protótipo antigo.

Assim, desvendando esse mistério tão forte na Umbanda e outrora tão contraditório.

Gratidão ao Plano Espiritual com a relevante presença.

Vera Lucia de Oliveira Cumino *é mãe de Alexandre Cumino e o texto anterior é uma psicografia, da Pombagira dela, feita no dia 25 de junho de 2019, às 3h17.*

Pombagira

por Ana Mametto

O coração dispara, calafrios, mãos trêmulas, uma vontade de gargalhar de forma tão intensa, diferente de tudo que antes já senti. É ela! Minha Deusa, minha Moça Bonita, a minha Dama da Noite! Chega e mergulha em meus pensamentos, vem e acalma meu coração, sorrindo para mim...

Sinto-a em cada movimento de meu corpo, quando canto e quando danço, na alegria e na ira, na ida e na chegada, na encruzilhada, no anoitecer e no amanhecer de renovação, resiliência e coragem. Gira e me gira, dando-me a consciência de que vida é movimento. Está em toda parte.

Na natureza, você é a lua que me enfeitiça, forte, intensa, misteriosa, abrindo meus caminhos para que eu possa sonhar e voar. Você é o vento que vem até mim como uma dança e me faz flutuar nos palcos, bailando com meu canto, emocionando aqueles que enxergam com o coração. Você é a mata que exala o cheiro forte, doce e intenso da impenetrabilidade que há em si, tem a delicadeza das rosas.

Você é rio, seu maior símbolo de doçura e de beleza, um côncavo de amor. Mergulho fundo nessa imensidão de sensualidade. Você é o mar que traz em mim a força, suas ondas são como um punhal que corta as demandas do olho de quem não me vê por dentro.

Minha Deusa, minha Dama da Noite, você é mulher, mãe e puta, é força, fé e luta, quem já a sentiu jamais poderá esquecê-la, você está em mim e eu estou em você.

Dama da noite

(Ana Mametto)

Dama da noite
Rainha da encruzilhada
Senhora da lua
Da madrugada
Mergulha nos meus pensamentos aflitos
Abrindo os caminhos na minha chegada.
É rosa, perfume e pinhal
Tem feitiço no seu olhar
É do vento, da mata, do rio e do mar
Segura a barra da saia, menina
Ela vem sorrindo para mim
A rosa mais bela do meu jardim.
Roda!
Roda, roda, roda
Segura na barra da saia e roda
Roda, roda, roda
Segura na barra da saia e roda

Ana Mametto *é mulher, negra, feminista, médium de Umbanda, cantora, atriz e capa no livro* Pombagira, A Deusa – Mulher Igual Você.

Pombagira

por Rita Batista

As primeiras vezes que ouvi falar sobre "Pombagira" ainda era criança. Ouvi histórias de minha avó materna, sobre esse espírito de mulher da vida, que "perturbava" a existência de pessoas que "deviam" a ela.

Eu tinha medo de Pombagira.

Cresci achando que, se o nome Pombagira fosse pronunciado, já que a força e o poder eram tão grandes e temidos, poderia começar uma relação com a entidade mesmo sem querer, mesmo sem elaborar um pedido, uma demanda, assim desencadear um processo espiritual de débito, de cobrança e de perda do controle da própria vida!

Sim! Porque era isto que me diziam: ela toma a cabeça da gente, faz coisas ruins; se você não cumprir com sua parte no acordo, ela acaba com a você!

Havia quem vociferasse, quando alguém vivia qualquer desajuste: Isso é coisa de Pombagira!

Essas foram crenças incutidas a mim, desde muito cedo, sobre essas senhoras. Até mesmo a identidade delas era atribuída a uma só. Todas eram "Pombagira" e não tinham distinção.

A falta de conhecimento, a memória compartilhada de que era uma energia ruim, espírito maligno, força de baixa vibração e a pouca experiência de vida me fizeram manter distância.

Mas em uma coisa minha avó e aquele povo todo tinham razão: elas têm poder.

O poder da mulher, do feminino, da força que sangra, que pulsa, que vibra, roda, gira e faz a vida te tirar para dançar.

Do Amor quente ao sabor de quem Ama.

Do pedido Sincero ao clamor de quem precisa.

Da troca justa de quem se prontifica.

Anos depois, entendendo-me como gente, mulher e preta. Construindo minha identidade, sabendo meu lugar e descobrindo minha ancestralidade, conheci Colondina.

Não perguntei. Só ouvi.

O medo que carregava até ali se transformou em respeito.

Tudo se ressignificou.

"A mulher da rua", "Aquela a quem pedimos homem", "a que se você não der o que ela pedir vai se vingar", ficou nos ecos do passado. Pombagira é a vida em movimento te chamando. É a interseção da essência primeva. É o protagonismo da energia feminina.

É o diálogo da liberdade com a coragem.

Laroyê!

Rita Batista, *mulher, preta, comunicadora e de axé.*

Pombagira

por Taiane Macedo

A minha Deusa.

Já faz 30 anos que tive o prazer e a honra de ter essa mulher ao meu lado.

Ainda na adolescência, já dava para perceber a imensidão do que ela significaria em minha vida. Sempre perto!

Eu e ela interagimos quase diariamente.

Descobri a mãe, amiga, irmã, confidente que enxuga minhas lágrimas e, com toda a razão, me cobra firmeza nas escolhas de meus caminhos.

A sensação é de que com ela eu poderia ser princesa, mas sou fortaleza de uma mente sem pudor.

Quando é para chegar, ela chega, quando é para fechar, ela fecha, e quando é para ficar, ela permanece em mim, porque em mim ela está.

E sei que em minhas muitas lutas e batalhas, tentando descobrir meu próprio "eu", ela estava comigo, lendo minha alma.

Quantas vezes ouvi sua voz em mim, sacudindo meus sentidos e me impulsionado para a frente.

Quantas "Marias" em mim.

Ela representa a vida, vivida na plenitude de uma mulher que não tem medo de nada nem de senhor algum. Que me traz a sabedoria milenar da força do feminino.

Ahhh, essa Deusa de alma cigana! Que emoção! Razão, vontade e realidade em minha vida.

O mundo precisa de muitas Marias Cecílias. De seu amor, poder, ritual sagrado e sua presença silenciosa!

O que é meu é da cigana, e o que é dela também é meu! Laroyê, Maria Cecília!

Taiane Macedo *é médium, sacerdotisa, dirigente do Cumoa, idealizadora do Umbahia e publicitária.*

Pombagira

por Fabiana Carvalho

Uma carta de amor para minha mãe:
Oi, Mãe,
Sei que a senhora está sempre por perto e estamos sempre conversando as coisas do dia a dia, mas hoje decidi parar para lhe escrever esta Carta de Amor.

Sabe, mãe, minha primeira lembrança da senhora é antiga e se perde com os anos. É também uma lembrança confusa, pois tudo ainda era muito novo e confuso no início para mim.

Mas, depois, as recordações ficam mais fortes e vívidas... A senhora tornando-se uma presença muito sutil e constante em muitos momentos difíceis de minha vida, mas também nos muito bons, importantes e felizes.

Cada encontro com a senhora sempre foi, é e será um grande evento! Quando sei que a senhora vem, aguardo ansiosa, coração disparado, parecendo adolescente à espera do grande amor. Mas quando a senhora chega, uma mágica acontece: meu coração se acalma, a mente silencia e minha alma se deita serena em seu colo para ouvir suas doces e sábias palavras. E ali, experimento um pedacinho do Céu...

E é tudo muito louco e incompreensível, pois me diluo e me perco na senhora e deixo completamente de ser eu, mas incrivelmente permaneço inteira, sentindo, vendo e ouvindo tudo – de dentro para fora e de fora para dentro –, observando e experienciando tudo ao mesmo tempo.

E quando a senhora vai embora, é como se não fosse! Pois as sensações e emoções daquele encontro permanecem em mim por muito tempo ainda. E tudo que a senhora ensinou ressoa em minha mente, encontrando em meu coração solo fértil para suas sementes de luz germinarem.

Preciso lhe contar, mãe: muitas sementes germinaram desde nosso primeiro encontro, cresceram, criaram raízes fortes e hoje são árvores que dão frutos suculentos e saborosos! Tudo que aprendi com a senhora me transformou como ser humano, me fez ser alguém muito melhor e me fez querer passar adiante as pérolas que recebi em todos os nossos encontros.

Você me fez forte, empoderada, grande, plena; você me ensinou o poder da fragilidade e da doçura de ser uma centelha feminina; você me mostrou que sempre vale a pena lutar, de forma amorosa, por minhas Verdades; você me guiou e acompanhou na difícil jornada de volta ao interior de mim mesma... Mãe, você me fez **MULHER!!!** (nas não é isso que as mães devem fazer com suas filhas? – você diria com certeza com sua voz tão calma!)

Por isso, mãe, esta carta é para lhe dizer o quanto lhe sou grata por estar em minha vida o tempo todo, para tudo, em tudo, com tudo... Gratidão que ultrapassa as barreiras desta vida e se estende por todo o nosso passado juntas e para tudo que ainda virá.

Gratidão também por ter me ensinado um amor muito diferente: amor sem apegos, sem posse, sem dor, sem cobranças, sem mágoas... Amor de gratidão, de lealdade, de confiança, de presença, de proteção. Amor que não se sente no coração, mas nas entranhas da Alma!

Sim, mãe, relembrei nosso amor e aprendi a vivê-lo com transcendência.

Hoje sei que sou um pedacinho de você... *mas a senhora é eu inteira!*

Minha Mãe Sete Saias, EU TE AMO!!!

De sua filha Fabiana.

Fabiana Carvalho *é médium, sacerdotisa, dirigente do Templo de Umbanda Jacira das Águas, bacharel em Comunicação Social e pós-graduada em Marketing.*

Pombagira

por Tati Fissore

Sou Filha de Pombagira – Sou Filha da Deusa.

Sou filha dos desejos que movimentam minha vida, aprendendo a sentir, entender, a respeitar e a fluir com qualquer um deles.

Tão condicionadas dentro de um sistema conservador, machista, colonialista, à margem das decisões, não apenas sociopolíticas, mas igualmente de nossas próprias vidas, passamos, nós também, a julgar e reprimir nossos desejos e emoções porque assim somos ensinadas, porque fomos castradas.

Quantos choros sufocados, quantos prantos transbordados em silêncio, quantas dores adormecidas, quantos desejos amontoados.

Hoje mais conscientes, estamos aprendendo ou reaprendendo que somos mulheres, e o que o ser mulher significa verdadeiramente e o quanto de sagrado há nisso.

Estamos despertando nosso poder de fala, amparadas pela força Dela, pela força da Deusa Pombagira, que sendo mãe e mulher em nós nos impulsiona, nos transborda, nos desdobra e nos vira do avesso, e nos mostra que o avesso é o certo.

Que temos nosso lugar e que devemos ocupá-lo de dentro para fora.

É uma força, um desejo repleto de satisfação, que nos acolhe, recolhe-nos, purifica-nos, direciona-nos, amadurece-nos e gesta em nós o tempo de sermos senhoras dos nossos destinos, de sermos quem quisermos ser.

Ela me diz: "Você é aquilo que quiser ser e não mais só aquilo que disseram que você poderia ser". Laroyê, Pombagira, guardiã de meus caminhos!

Tati Fissore *é sacerdotisa de Umbanda e dirigente espiritual da Casa Luz do Despertar, terreiro que fica em Paulínia/(SP). Advogada, com formação pela PUC-Campinas, e terapeuta holística.*

Pombagira

por Vanessa de Oyá

Meu nome é Vanessa e hoje eu me vejo graças a Maria Padilha, consigo olhar o mundo e as pessoas de uma forma diferente.

O caminho foi longo até aqui, para eu conseguir me olhar e olhar o mundo com outros olhos eu precisei mergulhar dentro do sagrado feminino. O caminho que eu escolhi foi a Umbanda e quem me conduziu foi Maria Padilha das Almas. Ela caminha comigo há muito tempo, aos poucos foi me ajudando, despertando, conduzindo-me para encontrar o verdadeiro sentido de ser mulher.

Encontrar o poder de ser livre, posso fazer minhas escolhas, posso me divorciar, viver sozinha, trabalhar, etc. Todas as vezes que a mulher tentou transpor barreiras foi rotulada e degradada diante do patriarcado, machismo e da figura do homem. A mulher sempre sofreu, foi presa, encarcerada, diminuída, inferiorizada.

Mataram a Deusa e por meio da Pombagira, de muitas Pombagiras, a Deusa renasce dentro de cada mulher, filha, irmã, mãe; dentro de cada luta.

Toda aquela que se libertou, que se levantou, toda aquela que você fez ouvir é puta.

Maria Padilha ajudou a curar a relação com a minha ancestralidade, mergulhar dentro de mim, entender os meus erros, desequilíbrios, entender que eu podia e posso tudo o que eu quiser. Eu sou livre e sou a puta que a Deusa abençoou.

Vanessa Nascimento *é médium de Umbanda, dirigente do templo cultural Tupinambá, terapeuta feminina, facilitadora de círculos femininos*

Pombagira

por Thaís Helena Queiroz

Maria Quitéria, esse é o nome da Guardiã que ampara minha esquerda na força de Pombagira. Ela é uma das primeiras entidades a se apresentar a mim, desde então se faz muito presente em minha vida, minhas escolhas, meu pensar e agir.

Digo isso porque desde que entrou em minha vida ela muito já me ensinou, através dos atendimentos, intuições, mensagens que ora vinham e me faziam refletir.

Sim, essa força em minha vida é pura reflexão, quebra de paradigmas, um tapa na cara literalmente de situações que pareciam óbvias. Elas, as Pombagiras, estão longe de ser óbvias.

Todas as vezes que ela se aproxima, meu coração parece sair pela boca, meu corpo paralisa, a única coisa que sinto e ouço é o bater de meu coração.

Ela se aproxima com delicadeza e na verdade faz uma cachoeira desabar dentro de mim.

Ela me ensina que o amor é um bem em si mesmo, mas pode tornar-se prejudicial se o mesmo acontecer de maneira desordenada.

Amar é uma possibilidade confiada a todo ser humano. É certo que todos amam algo na vida; uns amam coisas ruins e destrutivas, outros realidades boas, alguns amam aprisionando, outros tornando livre o ser.

Todo amor precisa concentrar em si a capacidade de decidir sempre pelo bem, mesmo quando este não se constitui como a opção mais cômoda e agradável.

Para amar é preciso começar em nós. Quem não se respeita e não tem sensibilidade para compreender os próprios limites, não poderá respeitar e compreender o outro.

Quem não respeita o espaço de seu sagrado silêncio, confiando-o a outros, terá dificuldade para definir sua própria identidade.

O amor para ser leal precisa respeitar os limites que compreendem os espaços, onde o coração descansa sem se conceituar.

O amor só é concreto quando, antes de nos doarmos aos outros, conseguimos compreender e definir claramente nossa própria identidade.

Quem abre mão do que é para agradar aos outros vive em profunda "alienação". Quem não se assume em sua singularidade, naquilo que gosta e que não gosta, não poderá amar com qualidade.

Aquele que se desprende da própria dignidade e personalidade vive toda a vida "representando para ser aceito".

Só podemos ser amados sinceramente quando assumimos e somos assumidos integralmente em nossa verdade, naquilo que realmente somos.

O amor real liberta e não aprisiona, pois a liberdade é o propósito essencial na relação onde o amor resolve fazer morada.

Quando amamos, realizamos o que somos, realizando-nos enquanto ser.

E nesse aprender diariamente sobre o amor, com essa força vital em mim, eu aprendo a não ter medo em trilhar meus caminhos, onde perdas me ensinam e escolhas me formam.

Laroyê, Maria Quitéria...

Maria Quitéria é mojubá.

Saravá!

Thaís Helena Queiroz *é triatleta, vice-presidente do Instituto Cultual Aruanda, dirigente espiritual ICA Templo, diretora da Umbanda EAD, graduanda em Educação Física.*

Pombagira

por Cristiano Nascimento

Noite de desenvolvimento mediúnico em nosso terreiro, abrimos a gira, chamamos Ogum e Iansã e, como era o combinado naquele dia, saudamos a esquerda: Exu e Pombagira. Não costumo incorporar no desenvolvimento mediúnico. Ela encosta em mim e me conduz até o local de firmeza da esquerda, começa então nosso diálogo. Tem início a experiência de vida mais profunda até hoje na Umbanda. Depois de tantos anos incorporando, de tantas outras vivências, eu ainda não havia passado por nada igual.

Ela começou a fazer um carinho em meu rosto com as costas de minha mão, passando assim para a barba com carinho, muito delicada, muito fundo em mim, sensível, fui ficando mais calmo, mais solto. Ali ela começa a trazer algo para mim, lentamente, começa a dizer que tinha abortado um filho. Teve essa experiência em sua última vida, e vai relatando em resposta aos meus questionamentos naquele momento; eu vinha buscando saber um pouco mais sobre mim mesmo e sobre minha relação com meus guias. Nesse dia a resposta veio de uma maneira inesperada, naquele dia eu não havia feito nenhuma pergunta, ela simplesmente chegou, incorporou e me levou para sentar no banquinho. Fez um carinho que nunca tinha feito, aliás eu nunca tinha recebido um carinho de entidade nenhuma, à medida que ela ia acariciando começa a dizer que desencarnou na tentativa de viver um amor impossível.

Ela parte da família na fazenda colonial, ele um funcionário, um capataz que vivia a observá-la. Certo dia saiu como de costume para cavalgar, entre o milharal o cavalo pisa em um buraco e ela cai, bate a cabeça. Diz: depois de alguns instantes sou socorrida por ele, que caminhava por ali. Naquele momento vivemos algo que marcaria nossas vidas, nós nos amamos loucamente e não voltamos mais a nos encontrar, a distância entre nós era muito grande, nossos mundos muito diferentes. Minha família jamais aceitaria, meu pai, meus irmãos jamais aceitariam um romance com empregado. Pouco tempo depois descubro que estou esperando um filho, tentei esconder a gravidez por um tempo, mas foi inevitável, minha família acabou descobrindo. Usaram de todos artifícios para eu abortar. Com o passar do tempo não conseguia me perdoar, eu me senti culpada, remorso, tristeza, arrependimento, dor, muito sofrimento. Adoeci até perder a vida, desencarnei aos 23 anos, jovem, destruída, despedaçada.

Ali ela fez uma pausa no diálogo, eu perguntei: por que está me dizendo tudo isso?

Então ela me respondeu: porque você é o filho que eu esperava.

Era você que eu não tive oportunidade de criar, de chamar, de parir, e muita coisa ruim aconteceu depois. Não houve oportunidade de encarnar com você. A primeira oportunidade que eu tenho de te encontrar é essa aqui, eu te amo, você é o filho que eu não tive, que me foi tirado, arrancado, subtraído. Filho amado! Agora meu nome é Maria das Sete Saias da Praia.

Cristiano Nascimento *é médium de Umbanda, sacerdote de Umbanda no Templo Cultural Tupinambá, terapeuta holístico e facilitador de jornadas xamânicas.*

Pombagira

por Alexandre Takayama

Como me apaixonei pela Pombagira Sara Rosa Vermelha!

Essa história tem seu início quando, após uma discussão, eu saio de casa, pois estava impossível a convivência com minha esposa; após sete anos de casado, tudo que ela fazia me irritava e eu não via mais sentido em permanecer com esse relacionamento.

Fui para o escritório em que trabalhava e, quando fiquei sozinho, comecei a sentir uma tristeza que jamais havia sentido em minha existência, naquele momento eu me senti isolado do mundo e várias perguntas começaram a surgir em minha mente.

Por que me sinto assim, o que sei sobre sentimento, o que entendo por sentimento, o que aprendo com sentimento?

Resolvi dar ouvidos a esses questionamentos e eles ganharam a sobriedade de alguém que sente, sabe, entende e aprende com esse sentimento; o nome desse alguém é Sara Rosa Vermelha.

Sua história é muito longa e não é o objetivo deste texto, mas ela ensinou o que a devoção sentimental a alguém pode causar em nossa vida.

Diante disso me tornei aprendiz, aconselhado por uma mulher incrível, que se apresenta como a Donzela que Apaixona, a Mãe que Corrige e a Avó que Aconselha.

Aprendo que sempre vivemos dilemas de amor, sendo três mais claros:

Ágape, amor incondicional, puro, verdadeiro, ilimitado.

Phylos, amor filial, obrigatório para quem eu dei a vida e pelo qual eu cobrarei durante toda a vida, impuro, que cria apego e, portanto, limita.

E finalmente Eros, amor entre dois seres, pura troca, me dê atenção, me dê carinho, me dê...

Isso desperta em mim todos os dias o verdadeiro "Desejo", a força feminina que existe em cada ser, não o desejo vil de posse, de apego, mas sua transformação em Ágape, em que o "Desejo" torna-se "Vontade"!

"Vontade" essa que move tudo em nossas vidas, faz com que acordemos a cada dia mais fortes e dispostos para mudar nosso mundo, a partir da mudança de nossas imperfeições.

Aprendo que jamais eu posso mudar o outro, mas posso mudar a mim mesmo e tornar o mundo que vivo maravilhoso, lindo, absoluto.

Aprendo que respeitar a mulher é respeitar o princípio criador, a "Deusa" que habita em cada um de nós e a qual eu aprendo a chamar de "Consciência", esta divindade absolutamente maravilhosa, capaz de imaginar e criar qualquer coisa no universo.

Sara Rosa Vermelha, gostaria de escrever por horas o quão grato sou por você existir em minha vida e o quanto você é e sempre será importante para mim, mas prefiro dizer apenas: TE AMO.

Alexandre Takayama *é médium, sacerdote, dirigente do Templo Fases da Lua, advogado, contador e especialista em terceiro setor.*

Pombagira

por João Luiz Vieira

Sexo é uma característica que distingue o que é macho e fêmea nos reinos animal e vegetal.

Sexualidade é o significado que damos a essas características, é um estímulo cerebral fortemente influenciado pela cultura, tempo, contexto histórico, família, Igreja e Estado.

Temos identidades de gênero, mas muitas vezes somos impedidos de expressá-las.

Umbandistas estão inseridos nesse contexto, portanto somos influenciados pelos que nos cercam. Talvez por viver no maior país católico do mundo, há uma clara cisão entre o que é de menino ou de menina, e, aqui, as zonas intermediárias tendem a ser perseguidas, quando não violentadas, porque é "contra a vontade d'Ele".

Há, no mínimo, controvérsias a respeito desse tema, "vontade d'Ele", mas é assunto para outros escritos.

O prólogo serve para explicar que fui criado em um ambiente livre de certezas estanques. Em minha casa, minha irmã e eu brincávamos com brinquedos que nos interessavam, não os impostos por causa de nossos genitais, embora eu, que comecei a ler e escrever aos 4 anos, só gostasse de brincar com lápis, cadernos, livros e insetos.

Como disse meu colega de profissão, Arnaldo Bloch, no jornal O Globo, a propósito do longa-metragem Dor e Glória, de Pedro Almodóvar, realizado em 2018: "Melhor uma interrogação substanciosa, real, que uma certeza imperativa, ilusória, letal".

Quando incorporei pela primeira vez Minha Senhora (trato assim as mulheres que me dão o privilégio de senti-las), queria entender o que ela queria exatamente de mim.

Como lidar com a mulher em mim no Brasil? Sabia que iria me transformar em outro, quebrar meu eixo, promover uma disruptura de tudo o que acreditava ter sido até então.

Como todo relacionamento duradouro, começamos a nos conhecer por camadas, e assim seguimos.

Primeiro o sorriso. Ela me fez gargalhar, algo incomum depois de um longo período de perdas. Depois o movimento. Ela me explicou que poderia me mexer com elegância e graciosidade e, veja você, manter todos os caracteres primários e secundários de meu sexo, inclusive meu pênis.

Ela não iria excluir nada em mim, não iria reorientar minha sexualidade. Iria incluir. Mais que isso: pacificar meu masculino ressaltando o melhor de meu feminino.

Trabalhando meu Sol e minha Lua. Meu claro e meu escuro. Meu dentro e meu fora. Assim tem sido. Nosso cuidado é mútuo e não acaba quando eu mudar de tarefa nessa jornada aparentemente longa, mas que é sopro.

Dona Paulina da Beira do Cais é como Minha Senhora quer que eu a chame. Não por acaso, ela é a madrinha espiritual de minha irmã, que nasceu quando eu era um garoto de 7 anos. Entende o significado? Minha senhora se apresentou em terra para cuidar de minha menina, minha caçula.

Alagoana, amante de echarpes, dona Paulina foi uma mulher com coluna de aço. Dona de bordel, sabia o que queria, o que fazer, como, com quem, quando e por quanto.

Assassinada por um coronel, cliente ciumento, mudou de plano com a certeza de orientar homens e mulheres a harmonizarem suas dualidades, seria sua missão.

Como profissional do sexo, entregou artigo raro ontem e ainda hoje: afeto a quem sente dor no peito.

Essa é ela. Ela (também) sou eu. Tendo a lamentar quando um homem umbandista impede que a mulher que tem dentro de si se expresse. A pacificação entre os dois vieses do que somos pode não chegar a tempo, e a evolução tende a ser mais lenta e menos consistente. Que sua senhora o proteja.

João Luiz Vieira, *50 anos, jornalista e sexólogo, umbandista discreto há 30 e assumidamente filho espiritual de Alexandre Cumino desde 2016.*

Bibliografia

ALEXANDRE, Claudia. *Orixás no Terreiro Sagrado do Samba*. Rio de Janeiro: Aruanda, 2021.
___ *Exu Feminino e o Matriarcado Nagô*: Indagações sobre o Princípio Feminino de Exu na Tradição dos Candomblés Yorubá-nagô e a emancipação das "Exu de Saia". Tese de Doutorado em Ciências da Religião, Pontifícia Universidade Católica de São Paulo. São Paulo, 384 páginas, 2021.
ALGRAS, Monique. *Imaginário da Magia: Magia do Imaginário*. Rio de Janeiro: Vozes, 2009.
ALKIMIN, Zaydan. *O Livro Vermelho da Pomba-Gira*. Rio de Janeiro: Pallas, 2011.
ALVA, Antonio de. *O Livro dos Exus*. Rio de Janeiro: Eco, 1967.
___ *Pomba-Gira*. Rio de Janeiro: Eco, 1966.
___ *A Magia e os Encantos da Pomba-Gira*. Rio de Janeiro: Eco, 1966.
BASTIDE, Roger. *As Religiões Africanas no Brasil*. São Paulo: Livraria Pioneira, 1971.
___ *O Sagrado Selvagem*. São Paulo: Companhia das Letras, 1997.
BONDER, Nilton. *A Alma Imoral*. Rio de Janeiro: Rocco, 1998.
BRAGA, Lourenço. *Umbanda e Quimbanda*. Rio de Janeiro: Spiker, 1961. 12ª ed.
BITTENCOURT, José Maria. *No Reino dos Exus*. Rio de Janeiro: Pallas, 2002. 6ª cd.
COELHO, Paulo. *Maktub*. São Paulo: Rocco, 1994.
CUMINO, Alexandre. *Deus, Deuses, Divindades e Anjos*. São Paulo: Madras Editora, 2008.

___ *Exu não é Diabo*. São Paulo: Madras Editora, 2018.
___ *História da Umbanda*. São Paulo: Madras Editora, 2010.
FARELLI, Maria Helena. *Pomba-Gira Cigana*. Rio de Janeiro: Pallas, 2004.
___ *Os Conjuros de Maria Padilha*. Rio de Janeiro: Pallas, 2000.
FONTENELE, Aluízio. *EXU*. Rio de Janeiro: Aurora, 1954. 2ª ed.
HOOKS, Bell. *O feminismo é para todo mundo*. Rio de Janeiro: Rosa dos Tempos, 2019.
KOLTUV, Barbara Black. *O Livro de Lilith*. São Paulo, Cultrix, 1986.
LOPES, Nei. *Novo Dicionário Banto*. Rio de janeiro: Pallas, 2012.
___ *Ifá Lucumï*. Rio de Janeiro: Pallas, 2020.
___ e SIMAS, Luiz Antonio. *Filosofias Africanas*. Rio de Janeiro: Civilização Brasileira, 2020.
MAGNO, Oliveira. *Umbanda Esotérica e Iniciática*. Rio de Janeiro: Aurora, 1956. 3ª ed.
MEYER, Marlyse. *Maria Padilha e Toda sua Quadrilha*. São Paulo: Duas Cidades, 1993.
MOLINA, N.A. *Trabalhos de Quimbanda na Força de um Preto Velho*. Rio de Janeiro: Ed. Espiritualista, sd. 3ª ed.
___ *Na Gira dos Exu*. Rio de Janeiro: Espiritualista, sd.
___ *Saravá Pomba Gira*. Rio de Janeiro: Espiritualista, sd.
NETO, Francisco Rivas. *Umbanda, A Proto-síntese Cósmica*. São Paulo: Ïcone, 1993.
NOGUEIRA, Renato. *O Ensino de Filosofia e a Lei 10.639*. Rio de Janeiro: Pallas, 2014.
___ *Exu, O Grande Arcano*. São Paulo: Ïcone, 1993.
OLIVEIRA, Ana Teresa Santos (Ana Mametto). *Laroyê Pombagira, Pombogira é Mojubá*: Um Olhar Analítico Sobre a Interpretação Demonizada da Orixá Pombagira. TCC Jornalismo Centro Universitário UNIFTC. Salvador: 108 páginas, 2020.
OYEWÙMÍ, Oyèrónké. *A Invenção das Mulheres*. Rio de Janeiro: Bazar do Tempo, 2021.
ORTIZ, Renato. *A Morte Branca do Feiticeiro Negro*. São Paulo: Brasiliense, 1988.
PINTO, Tancredo da Silva. *A Origem da Umbanda*. Rio de Janeiro: Espiritualista, 1970.

___ *O Eró da Umbanda*. Rio de Janeiro: Eco, sd.
___ e FREITAS, Byron Torres. *Camba de Umbanda*. Rio de Janeiro: Aurora, sd.
___*Doutrina e Ritual de Umbanda*. Rio de Janeiro: Espiritualista, 1951. 1ª ed.
RODRIGUES, Nina. *Os Africanos no Brasil*. São Paulo: Madras Editora, 2008.
RIO, João do. *Religiões do Rio*. Rio de Janeiro: José Olympio, 2006.
RONTON, Josef. *Quimbanda*. São Paulo: Tríade, 1985.
SANTOS, Tiganá Santana Neves. *A Cosmologia Africana dos Bantu-Kongo* por Bunseki Fu-Kiau: Tradução negra, reflexões e diálogos a partir do Brasil. Pós-graduação em estudos da tradução. Universidade de São Paulo. São Paulo: 233 páginas, 2019.
SARACENI, Rubens. *Os Arquétipos da Umbanda*. São Paulo: Madras Editora, 2007.
___ *Doutrina e Teologia de Umbanda Sagrada*. São Paulo: Madras Editora, 2003.
___ *Guardião da Meia-Noite*. São Paulo: Madras Editora, 2006.
___ *Rituais Umbandistas*. São Paulo: Madras Editora, 2007.
___ *Umbanda Sagrada: Religião, Ciência, Magia e Mistério*. São Paulo: Madras Editora, 2001.
___ *Livro de Exu*. São Paulo: Madras Editora, 2015.
___ *Orixá Exu*. São Paulo: Madras Editora, 2008.
___ *Orixá Pombagira*. São Paulo: Madras Editora, 2006.
SIEGEL, Dylan e WYVERN, Naelyan. *A Magia de Hécate*. São Paulo: Madras Editora, 2012.
SILVA, Vagner Gonçalves da. *Exu*. Rio de Janeiro: Pallas, 2015.
SILVA, W. W. da Matta. *Umbanda de Todos Nós*. Rio de Janeiro: Livraria Freitas Bastos, 1960. 2ª ed.
___ *Segredos da Magia de Umbanda e Quimbanda*. Rio de janeiro: Livraria Freitas Bastos, 1994. 3ª ed.
SIMAS, Luiz Antonio. *Umbandas*. Rio de Janeiro: Civilização Brasileira, 2021.
___ e Rufino, Luiz. *Fogo no Mato*. Rio de Janeiro: Morula, 2018.
SOUZA, Leal de. *No Mundo dos Espíritos*. Rio de Janeiro: Oficinas

gráficas do jornal *A Noite*, 1925. Trata-se de uma coletânea de matérias publicadas nesse jornal por Leal de Souza.
___ *No Mundo dos Espíritos*. São Paulo: Conhecimento, 2012.
___ *O Espiritismo, a Magia e as Sete Linhas de Umbanda*. Rio de Janeiro: Coletânea de reportagens para o jornal *Diário de Notícias*, 1933.
___ *O Espiritismo, a Magia e as Sete Linhas de Umbanda*. Rio de Janeiro: Aruanda, 2019
USHER, José. *Memórias de um Kiumba*. São Paulo: Madras Editora, 2017.
WILLIAMS, Mark H. *Encontro com Lilith*. São Paulo: Madras Editora, 2022.